Ingrid Gottstein

Ram sam sam und Pimpelchen

Spielen, Singen und Gestalten mit Kleinkindern

Besuchen Sie uns im Internet:
http://www.beltz.de

Alle Rechte, insbesondere das Recht der Vervielfältigung und Verbreitung sowie der Übersetzung, vorbehalten. Kein Teil des Werkes darf in irgendeiner Form (durch Fotokopie, Mikrofilm oder ein anderes Verfahren) ohne schriftliche Genehmigung des Verlages reproduziert oder unter Verwendung elektronischer Systeme verarbeitet, vervielfältigt oder verbreitet werden.

Beltz Taschenbuch 55
Originalausgabe
© 2000 Beltz Verlag · Weinheim und Basel

Lektorat: Richard Grübling
Herstellung: Lore Amann
Gesetzt nach den neuen Rechtschreibregeln
Satz: Satz- und Reprotechnik GmbH, Hemsbach
Druck: Druckhaus Beltz, Hemsbach
Umschlaggestaltung: Federico Luci, Köln
Umschlagfoto: Bavaria Bildagentur, München
Zeichnungen: Barbara Hömberg, Hamburg
Printed in Germany

ISBN 3-407-22055-3

Inhaltsverzeichnis

Vorwort des Herausgebers............................. 11
Einleitung... 13

Entwicklungsschritte von Kleinkindern und Förderungsmöglichkeiten 15
    Entwicklungsschema und -tempo..................... 15
    Grob- und Bewegungsmotorik 16
    Feinmotorik und Handgeschicklichkeit 18
    Geistige Entwicklung............................... 21
    Sprache... 22
    Sozialverhalten.................................... 23
    Selbstständigkeit 24

Fördermaterial zum Spielen, Betrachten und Gestalten 26
    Auswahl der Spielsachen 26
    Auswahl der Bücher................................ 29
    Auswahl des Malbedarfs und der Bastelmaterialien 31

Anregungen zum Spielen mit Kleinkindern............... 34
    Spielende 34
    Allseits bereit 34
    Konstruieren und nach Fantasie gestalten............ 35
    Kleine Rollenspiele............................... 35
    Beweglichkeit der Handgelenke..................... 36
    Gezieltes und dosiertes Greifen der Hände 36
    Zuordnungsspiele nach bestimmten Eigenschaften 36
    Grob- und Bewegungsmotorik 37
    Gesellschaftsspiele................................ 37

Fingerspiele. 39
  Die praktische Anwendung. 39
  Die verschiedenen Schwierigkeitsstufen. 40

Fingerspiele mit leichten Anforderungen
  Hallo, hallo, wer ist denn heute da?. 41
  Meine beiden Hände mit zehn Fingern dran 42
  Kleine Schnecke, kleine Schnecke. 43
  Bim, bam, bommel 44
  Wie das Fähnchen auf dem Turme 45
  Mit Fingerchen, mit Fingerchen 46
  Zehn kleine Zappelfinger 47
  Meine Hände sind verschwunden. 49

Fingerspiele mit gesteigerten Anforderungen
  Mein Häuschen ist nicht gerade 51
  Gewitter. 52
  Himpelchen und Pimpelchen. 53
  Steigt ein Kindlein auf den Baum 54

Fingerspiele mit schwierigen Anforderungen
  Die Fröschelein, die Fröschelein. 55
  A ram sam sam 56

Gestaltungsangebote 57
  Erwartungen der Kinder und der Mütter 57
  Auswahl der Bastelarbeiten. 57
  Die verschiedenen Schwierigkeitsstufen. 58

Frühling
  Muttertagsherz 59
  Mäuschen 60
  Papierschnecke 62
  Serviettenkäfer. 63
  Vogel 64
  Schmetterling 65

Ostern
  Eierständer »Hase« 66
  Eierhenne. 67

Eierschmuck	68
Osterbild oder Postkarte	69
»Eierköpfe«	70
Hühnerküken	71
Eierständer »Hasengesicht«	72
Eierständer »Wiese«	73
Osterkörbchen	74

Sommer

Steine bemalen	75
Segelboot	76
Vogelnest	77
Sonnenbrille	78
Sonnenschild	79
Urlaub am Meer	80
Meerbild	81

Herbst

Windrad	82
Beweglicher Igel	84
Bild »Herbstbaum«	85
Igel	86
Erdnussmaus	87
Erdnussschnecke	88
Halskette aus Kastanien	89
Herbstbaum	90
Mobile	92
Drachen	93

Laternenfest

Käseschachtel-Laterne	94
Luftballon-Laterne	97
Milchtüten-Laterne	100

Advent und Weihnachten

Walnussstern	102
Weihnachtsstern	103
Schneemann	104
Schneeflocken-Wolke	105

Tannenbaum 106
Weihnachtskarten 107
Weihnachtsbaum-Anhänger 108
Weihnachts-Lampion 110

Karneval
Dreieckshut 112
Krone 114
Gesichtsmaske 115
Maske 116
Tierohren 117
Einfache Girlande 118
Doppelte Girlande 119

Allgemeine Gestaltungsangebote
Handabdruck 121
Kinder malen 122
Fernglas 123
Schiff 124
Elefant 125
Luftballon mit Füßen 126
Rassel 127
Tisch-Set 128
Halskette aus Styropor-Chips 129
Kneten 130
Fadenbild 133
Drucken 134

Kreisspiele 136
Die praktische Anwendung 136
Die verschiedenen Schwierigkeitsstufen 136

Kreisspiele mit leichten Anforderungen
Häschen in der Grube 137
Ringel, Ringel, Reihe/Ringel, Rangel, Rosen 138
Wir fahren mit dem Auto 139
Was machen wir so gerne hier im Kreis 140
Wir haben eine Ziehharmonika 141

Zeig mir deine Hände 142
　　Ich bin ein dicker Tanzbär 143
　　Brüderchen komm tanz mit mir 144
　　Meine Beine sind verschwunden. 146
　　Große Uhren machen tick-tack. 147
　　Auf der grünen Wiese 148
　　Ein kleines graues Eselchen 149

　Kreisspiele mit gesteigerten Anforderungen
　　Jenny, Jenny, drehe dich geschwind. 150
　　Ich bin die kleine Schnecke 151
　　Auf der Eisenbahn steht ein schwarzer Mann 152
　　Hoch am Himmel, tief auf der Erde 153
　　Mein Hampelmann. 154
　　Zeigt her eure Füße 156

　Kreisspiele mit schwierigeren Anforderungen
　　Wir gehen jetzt im Kreise. 157
　　Wer will fleißige Handwerker sehn 158
　　Ich bin ein kleiner Hampelmann. 160
　　Hurra, hurra, die Kinder kommen 161
　　Ich hol' mir eine Leiter. 163
　　Was müssen das für Bäume sein 165
　　Schrippel-Schrappel-Huckebein. 166

Besondere Lieder 168
　Abschlusslieder 168
　　Die Spielgruppe, die ist nun aus 169
　　Alle Leut', alle Leut' geh'n jetzt nach Haus'. 170

　Laternenlieder
　　Laterne, Laterne, Sonne, Mond und Sterne. 172
　　Ich geh mit meiner Laterne 173

　Geburtstagslieder
　　Der Benny hat Geburtstag 174
　　Glückwunsch. 175

Literaturverzeichnis. 176

Vorwort des Herausgebers

Schon Kleinkinder suchen im Spiel einen spannungsreichen Zustand, den sie prinzipiell auflösen können. Gelingt ihnen die Auflösung, haben sie ein Erfolgserlebnis, das ihnen genügend Sicherheit vermittelt, den nächsten spannungsreichen Zustand zu suchen. Zum Ende des ersten Lebensjahres gewinnt das Spiel des Kleinkindes an Form und verliert an Zufälligkeit. Es setzt sich denkend, sprechend und aktiv handelnd mit seiner Umwelt auseinander. Indem das Kind schon früh seine unmittelbare Lebensumwelt verändert, verändert es sich auch selbst und entwickelt sich weiter. Die Lernerfahrungen, die das Kind in seinen ersten Lebensjahren sammelt, hängen wesentlich von den Impulsen ab, die es durch Spiele, Gespräche, Lieder und ein spiel- und kinderfreundliches Umfeld erhält. Sind ein- und zweijährige Kinder noch eher mit dem Alleinspiel beschäftigt, kommt es bei Dreijährigen schon zu kürzeren Spielphasen mit einem Partner.

Die Spiel-, Sing- und Beschäftigungsangebote dieses Buches werden den Bedürfnissen des Kleinkindes in besonderer Weise gerecht. Durch ihre einfachen Grundformen und ihren klaren Aufbau kann das Kind die Angebote schnell erfassen, was den Spaß am Tätigsein erhöht. Die 111 abwechslungsreichen Spiel- und Gestaltungsanreize dieses kleinen »Werkzeugkastens« wecken die Neugier des Kleinkindes, schaffen ihm vielfältige Ausdrucksmöglichkeiten und helfen ihm beim Ausleben seiner Fantasie.

Dem Erwachsenen als Anreger, Spielpartner und Beobachter bietet sich die Chance, sich am unbefangenen Spiel und dem lebhaften Schaffen des Kleinkindes zu erfreuen.

Dieser Band aus der »Spielewerkstatt« ist ein nützlicher Begleiter für alle, die mit Kleinkindern leben, spielen und arbeiten.

Peter Thiesen

Einleitung

In meinem Beruf als Ergotherapeutin (Beschäftigungstherapeutin) habe ich drei Jahre mit Kindern gearbeitet, die in ihrer geistigen und/oder körperlichen Entwicklung verzögert bzw. behindert waren. Die Ziele der Therapien waren vielfältig und mussten für jedes Kind individuell gestellt werden. Sie beinhalteten z.B. die Verbesserung der Grob- und Feinmotorik und die Verfeinerung der Koordination des Bewegungsablaufes sowie die Schulung der Aufnahme und Verarbeitung von Sinnesreizen über das Auge, das Gehör, den Tast-, den Geruchs- und Geschmackssinn. Bei schwerstbehinderten Kindern spielte auch das Erreichen möglichst großer Selbstständigkeit durch Selbsthilfetraining und entsprechende Hilfsmittelversorgung eine wichtige Rolle.

Die Entwicklungsschritte von Kindern verlaufen in der Regel nach dem gleichen Entwicklungsschema. Leider ist uns mit dem fast völligen Aussterben der Großfamilien der Erfahrungsschatz im Umgang mit kleinen Kindern verloren gegangen. Um den Müttern fundiertes Wissen zu vermitteln, wird diesem wichtigen Thema das erste Kapitel gewidmet.

Kinder müssen spielen, denn sie lernen durch das Spielen viel über sich und über ihre Umwelt kennen. Zudem trainieren sie dadurch ihre eigenen motorischen und geistigen Fähigkeiten. Deshalb ist es von großer Bedeutung, mit welchen Spielsachen und mit was sie spielen. Vorschläge dazu und Hintergrundwissen für die Auswahl weiterer Spielsachen geben das Kapitel *Fördermaterial zum Spielen, Betrachten und Gestalten*.

Einen großen Platz nehmen die *Fingerspiele*, Gestaltungsangebote und die *Kreisspiele* ein. Ihre Anwendung ist einfach, da sie ausführlich beschrieben und erklärt werden und den Kindern erfahrungsgemäß viel Spaß bereiten.

Dieses Buch gibt meine Erfahrungen als Ergotherapeutin, zweifache Mutter und Spielgruppenleiterin wieder. Ich möchte interessierte Mütter ohne berufliche Vorkenntnisse in die Lage versetzen, ihre Kinder mit Spaß und Freude entwicklungsgemäß zu fördern.

Dass dieses Buch überhaupt geschrieben wurde, verdanke ich in erster Linie der Ermutigung meines Mannes, den Erfahrungen durch meine Kinder, der Unterstützung von Uschi Wagner und den musikalischen Fähigkeiten von Jochen Engel.

Ingrid Gottstein

Entwicklungsschritte von Kleinkindern und Förderungsmöglichkeiten

Entwicklungsschema und -tempo

In der Regel durchlaufen alle Kinder das gleiche Entwicklungsschema. Am Beispiel von Babys lassen sich die Entwicklungsschritte im Bereich der Motorik (Bewegung) am besten erklären. Das Baby hebt erst den Kopf, dann setzt es sich auf, danach folgt das Krabbeln, das Stehen und dann das Gehen. Es besteht allerdings die Möglichkeit, dass ein Baby einen Entwicklungsschritt überspringt und z.B. das Krabbeln auslässt und vom Sitzen gleich zum Stehen und Gehen übergeht. Genauso ist ein Kind durchaus im Entwicklungsschema, wenn es nicht schon mit neun, sondern erst mit 17 Monaten gehen kann.

Wer von uns Müttern kennt nicht die rein rhetorische Frage anderer Mütter: »Was, dein Kind kann das noch nicht?« Und schon sind sie da, das schlechte Gewissen und die heimliche Frage: »Was mache ich nur falsch?« Um aus diesem »Teufelskreis« herauszukommen, ist es wichtig, dass die Mütter über den Entwicklungsverlauf bei Kleinkindern Bescheid wissen.

Diese Kenntnisse sind auch sehr wichtig für die Auswahl des richtigen Bastel- und Liederangebotes. Denn schlimmer als Unterforderung ist die permanente Überforderung von Kindern. Der Bastel- und Liederteil dieses Buches ist so aufgegliedert und gekennzeichnet, dass die drei Schwierigkeitsstufen klar erkennbar sind. Beim Neuanfang empfiehlt es sich, auf jeden Fall mit dem Leichtesten anzufangen, bis man sich ein Bild vom Entwicklungsstand der Kinder machen kann.

Die Angaben über die Entwicklung eines Kindes erfolgen nach Lebensmonaten. Diese Angaben sind nur grobe Richtlinien. Es kann vorkommen, dass manche Kinder eine Entwicklungsstufe überspringen. Außerdem muss bedacht werden, dass jedes Kind sein persönliches Entwicklungstempo hat. Dabei kann es natürlich auch auf äußere Einflüsse ankommen, wie z.B. das Spielen des älteren Geschwisterkindes oder die Interessen und Vorlieben der Hauptbezugsperson des Kindes.

Mein Sohn z.B. ging mit 3½ Jahren immer noch die Treppe hoch, indem er ein Bein hochstellte und das andere Bein nachzog. Dies ist nach der Entwicklungstabelle absolut nicht altersentsprechend. Nach genauerem Überlegen stellte sich heraus, dass er nicht in seiner Entwicklung verzögert war, sondern er mich, seine Mutter, kopierte. Ich hatte als Jugendliche einen Motorradunfall und bin seitdem oberschenkelamputiert. Mit meiner Beinprothese kann ich nur die Treppe hochgehen, indem ich mein gesundes Bein hochstelle und die Prothese nachziehe. Da ich seine Hauptbezugsperson war, hat er meinen Gang automatisch kopiert. Erst als wir ihn darauf aufmerksam machten, gewöhnte er sich rasch um.

Von entwicklungsverzögerten Kindern kann man erst sprechen, wenn ein Kind in mehreren Entwicklungsbereichen und seit mehreren Monaten nicht altersgemäß entwickelt ist.

Ursache für eine Entwicklungsverzögerung kann z.B. eine problematische Schwangerschaft, eine schwierige Geburt oder eine schwere Erkrankung im Säuglingsalter sein. Ein Kinderarzt/eine Kinderärztin sollte auf jeden Fall zur Abklärung der Diagnose herangezogen werden. Wird eine Entwicklungsverzögerung festgestellt, kann diese durch Krankengymnastik, Ergotherapie und/oder Logopädie behandelt werden. Grundsätzlich gilt, je früher die Therapie beginnt, desto größer sind die Heilungsaussichten.

Grob- und Bewegungsmotorik

Entwicklungsschritte

15 Monate   Kann sich alleine hinsetzen und hinstellen / kann knien / kann einige Schritte alleine gehen / die Schritte sind noch unsicher / ihre Länge und Richtung ungleich / fängt an zu laufen und fällt hin, indem es zusammensackt / kann Treppen hinaufkrabbeln bzw. -gehen

18 Monate	Läuft alleine und fällt selten / läuft schnell, aber wacklig / läuft steif und ohne viel Kniebewegung / steigt Treppen, wenn es an einer Hand geführt wird / geht rückwärts
21 Monate	Läuft / geht beim Spielen in die Hocke / steigt Treppen hinunter, wenn man es an einer Hand anfasst / kann mit einem großen Ball Fußball spielen / kann um eine Ecke biegen / kann rasch anhalten beim Gehen
24 Monate	Kann Laufen und Gehen abwechselnd / Fuß- und Kniegelenke sind beweglicher / steigt Treppen alleine hinauf und hinunter, dabei werden beide Beine auf eine Stufe gestellt / geht beim Spielen oft in die Hocke und fällt dabei nicht um / entwickelt Sinn für Rhythmus und hat Spaß an Tanzbewegungen
30 Monate	Versucht auf Zehenspitzen zu gehen / hüpft mit beiden Füßen zur gleichen Zeit / versucht auf einem Bein zu stehen
36 Monate	Läuft gut / schwingt beim Gehen die Arme wie ein Erwachsener mit / geht treppaufwärts mit abwechselnd dem einen und dem anderen Fuß / geht treppabwärts mit beiden Füßen auf einer Stufe / kann von der letzten Stufe herunterspringen / geht auf Zehenspitzen / »kickt« geschickt einen Ball, kann aber nur kurz auf einem Bein stehen / fährt Dreirad

Förderungsmöglichkeiten

Im »Freien Spiel« können die Kinder ihre Grob- und Bewegungsmotorik nach Belieben einsetzen. Dabei ergibt sich auch die Gelegenheit zu beobachten, inwieweit sich das Kind entwickelt hat.

Bei den »Kreisspielen« werden nicht nur die Körperbegriffe und -bewegungen geübt, sondern darüber hinaus die vorhandenen grobmotorischen Fähigkeiten mit der Sprache kombiniert. Diese Verknüpfung bedeutet eine große geistige Anstrengung für die Kinder und bedarf großer Konzentration, Merkfähigkeit und Ausdauer.

Feinmotorik und Handgeschicklichkeit

Entwicklungsschritte

13 Monate	Greift mit einer Hand zwei Klötzchen / schlägt zwei Dinge aneinander / hält einen Stift mit beiden Händen und malt Gekritzel
15 Monate	Räumt Dinge ein und aus / zeigt mit dem Zeigefinger / packt Eingewickeltes aus / schließt rundes Döschen / baut Turm aus 2–3 Klötzchen / hat die Fähigkeit, mit dem Daumen jede einzelne Fingerspitze zu berühren
18 Monate	Erst wenn das Kind allein stehen und gehen kann, können die Hände unabhängig voneinander eingesetzt werden / blättert Seite im Buch um, meistens 2–3 gleichzeitig / baut einen Turm aus 3–4 Klötzchen / trägt Puppe oder Stofftier / hält den Stift in der Faust / malt deutlich vertikale Striche, alles andere ohne bestimmte Richtung / fädelt große Perlen auf
21 Monate	Baut Türme aus 5–6 Klötzchen / malt gerne mit den Fingern
24 Monate	Kann mechanisches Spielzeug bedienen / kann einzelne Buchseiten umblättern / schraubt Deckel von Dosen / malt jetzt horizontale Striche / formt eine Wurst aus Knete / schneidet kurz mit der Schere, indem es sie mit beiden Händen hält / es beginnt bei bestimmten Bewegungen das Handgelenk einzusetzen
30 Monate	Baut Turm aus 8 Klötzchen / hält den Stift nun mehr mit den Fingern als mit der Faust / ahmt Falten von Papier nach
36 Monate	Baut Türme aus 9–10 Klötzchen / malt vertikale und horizontale Striche und einen Kreis / hält die Schere in einer Hand, ist allerdings erst mit 4 Jahren in der Lage, einigermaßen genau etwas auszuschneiden

Förderungsmöglichkeiten

Das Spielzeug, mit dem die Kinder spielen, sollte sehr sorgfältig ausgesucht werden. Die nachfolgend aufgezählten Spielsachen gibt es meist von verschiedenen Herstellern. Soweit die Spielsachen einen Markennamen haben, sind sie willkürlich ausgesucht.

Die Aufstellung möchte zeigen, dass man verschiedene Spielzeuge einsetzen kann, um bestimmte Bewegungsabläufe und -fähigkeiten zu fördern. Die Auflistung erhebt keinen Anspruch auf Vollständigkeit.

Es müssen nicht alle angeschafft werden, sondern die Aufstellung soll Ihnen eine Auswahlmöglichkeit bieten.

- *Gezieltes und dosiertes Greifen der Hände durch entsprechendes Spielzeug*
  Kugelbahn, Perlen auffädeln, Einpassspiele und -puzzles mit Greifknöpfen, die meisten Spiele wie Lege-Lotto, Angelspiel, Bunte Ballone, Quips, Spitz pass auf, Steckbretter mit verschiedenfarbigen und verschieden geformten Holzteilen, Malen mit verschiedenen Stiften, Malen mit Fingerfarben, Registrierkasse mit farbigen Münzen, Spieltelefon, Duplosteine, Bausteine, Baufix, Nopper, Rosetten, Holzautos, Knete, Steckturm, Nachziehspielzeug, Ringpyramide usw.
- *Beweglichkeit des Handgelenkes durch geeignetes Spielzeug*
  Hammerspiel, Angelspiel, Werkbank, Schraubspindel, Schraubbecher, Zahnradspiel, Klopfkasten, Kugelschlagspiel, Schlüssel- oder Formenbox, Däumlingsfässer, Handpuppen, Xylophon, Tamburin, Spieldose mit Drehbügel, Dosen mit Drehverschlussdeckel.
- *Förderung durch Fingerspiele und Bastelarbeiten*
  Die Finger- und Handbeweglichkeit und die Handgelenkbeweglichkeit sowie die Fingerfertigkeit werden durch die Fingerspiele und die Bastelarbeiten sehr gefördert. Dies erreicht man beim Basteln z.B. durch Kleben, Schnippeln mit der Schere, Papierreißen, Auffädeln, Malen, Kneten und anderes mehr.

Rechts- oder Linkshändigkeit

Es wird geschätzt, dass bis zu 40% der Bevölkerung Linkshänder sind. »Die Händigkeit eines Menschen ist genetisch festgelegt. Die sichtbare Ausprägung ist dagegen zum größten Teil eine Sache der

Übung und des Gebrauchs.« »An der Vererbung der Händigkeit wird heutzutage nicht mehr gezweifelt« (Aus: »Linkshändig? Ein Ratgeber« von Rolf W. Meyer, S. 22).

»Bei vielen Kindern ist die Rechts- oder Linkshändigkeit von Anfang an festgelegt. Bei manchen Kindern entwickelt sich die Lateralität (Seitigkeit, Anmerkung) erst im Laufe der ersten Lebensjahre« (a.a.O., S. 24).

»Händigkeit ist Ausdruck einer bestimmten Betonung im menschlichen Gehirn, und so führt eine Beeinflussung des Gebrauchs der dominanten (vorherrschenden, Anmerkung) Hand auch oft zu massiven Störungen im Gehirn.«

»Zu den Primärfolgen gehören Konzentrationsstörungen (schnelle Ermüdung), Gedächtnisstörungen, Lese- und Rechtschreibschwierigkeiten, Sprachstörungen bis hin zum Stottern sowie feinmotorische Störungen« (a.a.O., S. 9).

»Aus den Primärfolgen entwickeln sich dann häufig Sekundärfolgen wie Minderwertigkeitsgefühle, Rückzugstendenzen, bei Kindern ›Kasperletheater-Spielen‹, Nägelkauen und Bettnässen, des weiteren Überkompensation und neurotische und psychosomatische Erscheinungen bis ins Erwachsenenalter« (a.a.O., S. 9).

Für die Kinder heißt dies, dass sie die Hand benützen können, die sie wollen. Natürlich gibt es Situationen, wie z.B. das Händeschütteln, bei denen aus kulturellen Gründen nur die rechte Hand benutzt werden sollte.

Ist ein Kind eindeutig linkshändig, sollte unbedingt eine Linkshänderschere angeschafft werden.

Der Zusammenhang von Handgeschicklichkeit und Intelligenz

»Die Entwicklung der Hand- und Fingergeschicklichkeit vollzieht sich im gleichen Schritt mit der Entwicklung der Intelligenz. Der Gebrauch einzelner Finger verlangt die Führung und Aufmerksamkeit des Verstandes. Um das Instrument Hand für spezielle Tätigkeiten richtig einsetzen zu können, muss eine ausreichende Fingerbeweglichkeit für isolierte Teilbewegungen vor allem im Gebrauch des Zeigefingers gegeben sein!« (Aus: »Spielmaterial zur Entwicklungsförderung« von Helga Sinnhuber, S. 74)

Geistige Entwicklung

Entwicklungsschritte

15 Monate	Kennt Teile seines Körpers / ahmt Tierlaute nach / erkennt einfache Abbildungen aus seinem täglichen Leben im Bilderbuch / es holt und bringt Dinge, wenn es aufgefordert wird / kann gleiche Dinge zuordnen
18 Monate	Erkennt Abbildungen im Buch, wenn man sie benennt / versucht bei der Hausarbeit zu helfen / erfüllt Bitten, die Nachdenken und Erinnern erfordern / ordnet 2 Größen, Farben und Formen zu / unterscheidet eckig und rund
21 Monate	Kann um etwas bitten, z.B. Trinken, Teddy usw. / macht Fortschritte im Farben- und Formenerkennen
24 Monate	Erkennt die Eigenschaften vertrauter Gegenstände und kann sie beschreiben / kann komplexe Anweisungen ausführen / kann Farben und Bilder zuordnen / hat einen Mengenbegriff von ein und viel / die räumliche Orientierung ist gut ausgeprägt, es kennt seine Umgebung
30 Monate	Kann seinen Namen nennen / zählt bis 3 / Details wie das Euter einer Kuh werden wahrgenommen / kennt die Grundfarben Rot, Gelb und Blau / beginnt Vorder- und Rückseite der Dinge zu unterscheiden / beginnt Formen einander zuzuordnen
36 Monate	Kann Fragen stellen mit Fragewörtern (was, wer, wieso ...) / kann bis 10 zählen / es kennt sein Geschlecht / hat ein Erinnerungsvermögen und bezieht sich auf Vergangenes / kann Puzzle aus 2–4 Teile zusammenfügen / sortiert in Kategorien wie Auto, Tier usw.

Förderungsmöglichkeiten

Im vorhergehenden Kapitel wurde schon beschrieben, dass die Entwicklung der Hand- und Fingergeschicklichkeit mit der Entwicklung der Intelligenz eng zusammenhängt. Dafür möchte ich einige Beispiele aufzeigen.

Um ein Puzzle legen zu können, brauche ich eine geschickte Hand. Um den Unterschied zwischen rund und eckig zu erkennen, muss ich die Oberfläche eines runden Gegenstandes und die harten Ecken eines eckigen Gegenstandes berührt haben. Um einen Begriff von Zahlen zu erhalten, muss ich in meinen Händen gefühlt haben, ob ich ein Klötzchen oder viele getragen habe.

Bei den Bastelarbeiten werden viele dieser intellektuellen Leistungen angesprochen und gefördert. Mengenbegriffe, Formen und Farben sind nur einige Beispiele dafür.

Bei den Finger- und Kreisspielen werden viele Begriffe und Bezeichnungen genannt und durch Bewegung zugeordnet und umgesetzt. Zudem müssen sie synchron mit anderen zusammen wiedergegeben werden.

Sprache

Entwicklungsschritte

15–18 Monate Beginnt eigene unverständliche Laute aneinanderzureihen mit rhythmischer Betonung und Tonfallschwankungen, untermalt von Gesten und durchsetzt mit verballhornten Wörtern als Übung für das spätere Zusammenfügen von Wörtern zu Sätzen / es wiederholt kurze Sätze wie »Ach du liebe Zeit« in unpassenden Zusammenhängen / spricht etwa 10 Wörter mit Bedeutung / zeigt auf Dinge in der Umgebung oder in Büchern

18–24 Monate Wortschatz von ca. 30 Wörtern / stellt einfache Fragen mit »Wohin« / gibt auch einfache Antworten mit »Dahin« / verwendet besitzanzeigende Wörter wie »mein« / es bedient sich der Sprache in verschiedenen Situationen, um etwas zu bekommen, um etwas zu erzählen und um mit anderen Kontakt aufzunehmen

24–36 Monate Kennt 200 bis 300 Wörter / es beginnt zuzuhören, wenn man mit ihm spricht, und interessiert sich für mehr und mehr Dinge / die Sprache wird flüssiger, auch wenn es noch manche Wörter falsch ausspricht, Buchstaben verwechselt und vielleicht lispelt / entwickelt Sprachrituale, d.h., es will dieselbe Geschichte immer wieder hören bzw. stellt immer wieder die gleiche Frage / beginnt mit den Wörtern »ich«, »du« und »mir« umzugehen / verwendet Wörter, die mit Zeitvorstellungen zu tun haben wie heute, gestern, morgen, aber ohne sie richtig einordnen zu können

Förderungsmöglichkeiten

Gerade bei den jüngeren Kindern wird man feststellen, dass sie bei den Finger- und Kreisspielen nicht mitsingen und oft auch nicht mitmachen. Dies hängt mit ihrem noch begrenzten Sprachschatz zusammen und mit der Schwierigkeit, den Sinn des Gesungenen mit der entsprechenden Bewegung zu koordinieren. Solange das Kind sitzen bleibt bzw. beim Kreisspiel mitmacht, zeigt dies, dass es daran interessiert und somit konzentriert ist. Viele Mütter bemerken schon nach kurzer Zeit, dass ihr Kind die entsprechenden Lieder singen und die Bewegungen mitmachen will.

Bei näherer Durchsicht der Lieder für die Finger- und Kreisspiele werden Sie feststellen, wieviel die Kinder dabei lernen können. Auf besondere Lerninhalte wird bei den Liedbeschreibungen unter der Bezeichnung »Besonderheiten« hingewiesen.

Sozialverhalten

Entwicklungsschritte

15–18 Monate   Das Kind wird immer hilfsbereiter bei Hausarbeiten und beim An- und Ausziehen / es zeigt Zuneigung gegenüber Familienmitgliedern und Haustieren / es spielt gerne, aber noch nicht mit anderen Kindern

18–24 Monate   Mit vielen Tricks fordert das Kind Aufmerksamkeit, es packt den Arm und rüttelt daran, haut, tut, was es nicht darf, und tut nicht, was es tun soll /

	mit anderen Kindern streitet es weniger, da es gerne mit ihnen zusammen ist und Spielkameraden haben möchte
24–30 Monate	Ihm fällt es schwer, anderen etwas abzugeben / es zeigt Konkurrenzverhalten und versucht den anderen seinen Willen aufzuzwingen / dies ist die Zeit der Wutanfälle / beginnt mit einfachen Rollenspielen, wobei es willkürlich z.B. Bauklötzchen, Duplosteine usw. als Personen einsetzt
30–36 Monate	Es ist unabhängiger und geht auf andere Kinder zu / schließt Freundschaften mit anderen Kindern und Erwachsenen / es zeigt Mitgefühl, wenn jemand leidet

Förderungsmöglichkeiten

Besonders für Kinder, die keine Geschwister haben, stellt die Spielgruppe oder der Spielplatz in dieser Hinsicht oft eine ganz neue Erfahrung dar. Die Spielgruppe ist meist die einzige Möglichkeit, andere Kinder gut kennen zu lernen und mit ihnen zu spielen. Wie bei Geschwistern lernen sie sich durchzusetzen und nachzugeben, zu verhandeln und zu tauschen, sich zu streiten und zu vertragen. Das alles müssen Kinder lernen, und es fällt ihnen nicht leicht. Dies ist auch die Zeit, in der sie begreifen, dass sie eine eigene Persönlichkeit sind, und mit Wutanfällen versuchen, ihren Willen durchzusetzen.

Die Spielgruppe bietet Einzelkindern auch die Möglichkeit, sich in ihrem Sozialverhalten zu üben.

Selbstständigkeit

Entwicklungsschritte

15 Monate	Das Kind kann Tassen heben, halten und daraus trinken, ohne viel zu verschütten / isst selbst mit dem Löffel / versucht sich selbst auszuziehen (Schuhe, Strümpfe)
18 Monate	Isst selbstständig, aber nicht ohne zu kleckern

21 Monate	Kann gut mit einer Tasse umgehen / kleckert, wenn sie zu voll ist, und schiebt sie weg, wenn sie leer ist
24 Monate	Fängt an, den Löffel im Mund zu drehen / zieht die Strümpfe an / zieht die Hose hoch / öffnet die Tür mit der Klinke / zieht Reißverschlüsse auf und zu / fängt an zu merken, wenn es »groß« muss, da es jetzt langsam den Schließmuskel am After kontrollieren kann
30 Monaten	Kann einen großen Knopf durchs Knopfloch ziehen / kann Jacke und Hose alleine ausziehen
36 Monate	Zieht sich die Schuhe alleine an, aber nicht immer an den richtigen Fuß / die meisten Kinder sind nun – zumindest tagsüber – trocken

Förderungsmöglichkeiten

Kinder sollen bei ihren Bemühungen selbstständig zu essen und zu trinken ermutigt werden. Das Aussuchen von Kleidungsstücken und das selbstständige An- und Ausziehen sollten gefördert werden. Schuhe binden können Kinder erst ab etwa 5 Jahren erlernen. Sie benötigen dazu das sichere Unterscheiden der Begriffe links und rechts.

Das selbstständige Aussuchen von Kleidungsstücken, die natürlich der Jahreszeit entsprechen müssen, und das alleinige An- und Ausziehen nehmen die Kinder besonders bewusst wahr und erfüllt sie mit großem Stolz. Dies liegt wahrscheinlich daran, dass diese Vorgänge auch von den Müttern und Vätern immer wieder ausgeführt werden und das Kind sich an diesen Tätigkeiten messen und vergleichen kann. Angemessenes Loben bestätigt die Kinder, hebt ihr Selbstbewusstsein und gibt ihnen Mut neue Herausforderungen anzunehmen und anzugehen.

Die Kinder haben jeden Tag die unterschiedlichsten Situationen zu bewältigen. Beim gemeinsamen Essen bieten sich Gelegenheiten, Häppchen auszutauschen, zu verschenken und darum zu streiten, wer als Erster etwas zu trinken bekommt. Sie müssen lernen, beim gemeinsamen Gestalten Stifte und Kleber zu teilen und beim gemeinsamen Spielen zu warten, bis sie an der Reihe sind.

Fördermaterial zum Spielen, Betrachten und Gestalten

Auswahl der Spielsachen

Die Liste der hier aufgeführten Spielsachen erhebt keineswegs den Anspruch auf Vollständigkeit. Die Beschreibung und Einteilung der aufgeführten Spielsachen verdeutlicht deren Funktion und versetzt die Mütter in die Lage, in Zukunft beim Kauf von Spielzeugen gezielt auszuwählen.

Um das Aufräumen spannender und angenehmer zu machen, eignen sich Holz- oder Plastikkisten, auf denen außen entsprechende Abbildungen des Inhaltes geklebt werden. So können auch die kleinsten Kinder beim Aufräumen helfen und die Spielsachen in die entsprechende Kiste legen. Dieses zugeordnete Aufräumen gewährleistet den Kindern, dass sie beim nächsten Mal z.B. alle Holzteile eines Puzzles zusammenhaben, das Spiel also komplett ist und somit sofort spielbereit. Nichts macht weniger Laune als ein Spiel, bei dem die Hälfte der Teile fehlt.

Die nachfolgenden Spielzeugvorschläge sind verschiedenen Bereichen zugeordnet. Natürlich können sie so strikt getrennt nicht gesehen werden, da z.B. das Zusammenfügen eines Puzzles nicht nur die Wahrnehmung der Form der Puzzleteile, sondern auch ein entsprechendes gezieltes Greifen voraussetzt.

Die Einteilung der Spielzeuge soll Ihnen die verschiedenen Förderungsmöglichkeiten aufzeigen und Sie in die Lage versetzen, in Zukunft Spielzeuge nach ihren Funktionen und Förderungsmöglichkeiten auszusuchen.

Die Anforderungen der Spielsachen sind mit Sternchen gekennzeichnet (* = leicht, ** = gesteigert, *** = schwieriger). Es empfiehlt sich in der Regel, von jedem Schwierigkeitsgrad etwas anzuschaffen.

Die Spielsachen, die in einer Reihe aufgeführt sind, sind gleichwertig, sodass davon eins ausgesucht werden kann. Manche Spielsachen sind vor allem durch ihre Markennamen bekannt und können somit nicht umschrieben werden. Allerdings gibt es häufig vergleichbare Spielwaren von anderen Herstellern, sodass sich ein Preisvergleich oft lohnt.

Konstruieren und nach Fantasie gestalten

– Bausteine * / Duplo-Steine ** / Holzeisenbahn **
– Rosetten * / Nopper ** / Baufix ***

Kleine Rollenspiele und als Trostspender

– eine Kiste mit Schmusetieren und Stoffpuppen
– mehrere kleine Autos, eventuell mit Figuren
– ein paar stabile Nutzfahrzeuge mit einfachen Funktionen

Beweglichkeit der Handgelenke

– Kugelschlagspiel * / Klopfbank *
– Schraubspindel ** / Schraubbecher ** / Däumlingsfässer ** / Dosen mit Drehverschluss **
– Werkbank ***
– Rassel * / Spieldose mit Drehbügel ** / Tamburin ***
– Zahnradlabyrinth * / Kugelschiebespiele mit Spiralen *

Gezieltes und dosiertes Greifen der Hände

– Aktivitätscenter *
– Murmelbahn **
– mehrere Holz-Einpassspiele mit Greifknöpfen *–***
– Geschicklichkeitsspiel: Angelspiel **
– Spieltelefon * / Registrierkasse mit farbigen Münzen **
– Xylophon **
– Fädelspiele ***
– Kugelschiebespiele mit Bögen oder Spiralen *–***

Zuordnungsspiele nach bestimmten Eigenschaften

Nach Abbildungen:
- Spiel: Lotto mit einfachen Abbildungen *
- Spiel: Memory *–***
- Spiel: Domino **–*** (nur gleiche Abbildungen anlegen)

Nach Farbe:
- Registrierkasse mit farbigen Münzen
- Gesellschaftsspiele: Die vier ersten Spiele * / Bunte Ballone ** / Quips *** / Farbentürmchen *** / Farb-Domino ***
- Farbensteckbretter
- Farblegespiele

Nach Formen:
- Formenbox *–*** / Schlüsselbox **
- Spiel: Fa-Fo-Me ** / Colorama **–***
- Formen-Sortierbretter **–***
- Spiel: Formen-Domino ** –*
- Form-Legespiele **–***
- Puzzle mit 2–4 Teilen ***

Nach Größe:
- Scheibenpyramide ** / Baubecher *** / Bauwürfel ***
- Marjoschka-Puppe * / Däumlingsfässer **
- Steckbretter
- Legespiele

Nach Gegensätzen:
- Legespiele: groß – klein / vorne – hinten – seitlich / hell – dunkel / voll – leer / lachen – weinen / dick – dünn

Nach »Gefühl« Sinneswahrnehmung:
- Tastbilderbücher
- Stofftiere
- Tast-Domino
- Aktivitätscenter
- Quietschtiere
- Tastspiel (wie Lege-Lotto)

Für die Grob- und Bewegungsmotorik:
- Nachziehspielzeug
- Lauftiere am Schiebestock

Kleinkinder fangen erst mit 2 bis 2½ Jahren mit kleinen Rollenspielen an. Verkleidungskiste, Schminkecke, Puppengeschirr oder Kasperlepuppen sind dafür erforderlich.

Fahrzeuge wie Dreirad, Bobby-Car und Puppenwagen trainieren die Bewegungsmotorik der Kinder. Mit Kindern ab 2½ Jahren können auch schon kurze Gesellschaftsspiele (Lotto, Ballone, Angelspiel) gespielt werden. Sie sind in diesem Alter in der Lage, gleiche Dinge zuzuordnen und einfache Spielregeln zu begreifen und zu befolgen, z.B. zu warten, bis sie an der Reihe sind.

Auswahl der Bücher

Es gibt unwahrscheinlich viele und auch zum Teil gute Kinderbücher auf dem Markt, sodass ich ihnen nicht gerecht werde, wenn ich nur einige wenige hier aufzähle.

Die 1½jährigen Kinder schauen gerne Bilderbücher an, in denen Tiere, Tierkinder und Gegenstände aus ihrem täglichen Leben, z.B. Zahnbürste, Schnuller, Becher und Spielzeug vorkommen.

Die etwas älteren Kinder so um zwei Jahre schauen sich gerne Bilderbücher an, die einen Einblick in das soziale Leben, z.B. Baustelle, Hafen, Park, Bauernhof, geben bzw. in denen eine Geschichte mit einfachem Ablauf erzählt wird.

Legt man diese Ansprüche zugrunde, dann käme wohl fast jedes Bilderbuch in Frage. Dass diese Auswahlkriterien nicht genügen, darauf weißt Astrid Matthiae in ihrem Buch »Vom pfiffigen Peter und der faden Anna – Zum kleinen Unterschied im Bilderbuch« hin. In diesem Taschenbuch untersucht sie die verschiedenen Darstellungsarten, -formen und -häufigkeit von Männern und Frauen, von Jungen und Mädchen in Bilderbüchern.

Am Beispiel der bekannten und beliebten Bilderbücher von Ali Mitgutsch zeigt sie auf, dass männliche Personen 3- bis 5-mal so häufig abgebildet sind wie weibliche Personen. Dies vermittelt den Kleinkindern: »Männer und Jungen werden ungefähr dreimal so viel abgebildet wie Frauen und Mädchen, also sind diese wohl nur ein Viertel so wichtig. Wären sie gleich wichtig, wären sie auch sicher gleich häufig abgebildet.« (Aus: »Vom pfiffigen Peter und der faden Anna« von Astrid Matthiae, S. 16)

Sie bemängelt auch, dass in Mitgutschs Bilderbüchern Frauen oft in grotesken Situationen, z.B. vollbeladen mit Paketen, als schwatzende Hausfrauen oder in fürsorglichen und dienenden Situationen, z.B. Kinderwagen schiebend, abgebildet sind. Wenn Frauen in einem Beruf tätig sind, dann sind sie in Dienstleistungsberufen als Friseurin, Verkäuferin oder Sekretärin abgebildet. Die Männer dagegen fahren in den verschiedensten Fahrzeugen, gehen mit Aktentaschen oder -koffern herum oder sind anderweitig aktiv.

Bei den Abbildungen von Jungen und Mädchen, die zahlenmäßig ebenso oft wie Männer und Frauen vorkommen, werden ihnen verschiedene Attribute zugeordnet.

Während die Mädchen immer zusammen und nur disziplinierte und ruhige Spiele spielen, werden die Jungen »meist als Schelme, Sportler oder Raufbolde dargestellt. Jungen beanspruchen für ihre Spiele grundsätzlich mehr Platz als Mädchen« (a.a.O., S. 19).

Ähnlich bekannt und beliebt wie Ali Mitgutsch ist der Bilderbuchautor Janosch. Von seinen ca. 100 Titeln billigt er leider nur sechsmal die Hauptperson einer weiblichen Gestalt zu.

»Janoschs Kinderbücher sind insgesamt ein Loblied auf die männliche Fantasie, auf die Kraft, etwas aus sich selbst heraus zu entwickeln. Aber eine Weiterentwicklung der Charaktere findet nicht statt. Geschichten über einen – womöglich sogar schmerzhaften – Prozess des Lernens enthalten Janoschs Kinderbücher nicht, bis auf die Ausnahme ›Komm nach Iglau, Krokodil‹. Von anderen etwas lernen setzt Gemeinsamkeit voraus. Das entspricht nicht der Lebensphilosophie des einsamen, auf sich selbst gestellten Margariniers, der nur aus sich selbst heraus lebt. – Sicher ist es wichtig, das Bedürfnis der Kinder nach Selbstständigkeit durch literarische Vorbilder zu fördern. Doch in dieser Ausschließlichkeit ist die hier gebotene Ein-Mann-Ideologie Teil einer männlich dominierten Konkurrenzgesellschaft« (a.a.O., S. 88).

Es ist also erforderlich, Bücher nicht nur nach ihren ansprechenden Abbildungen auszuwählen, sondern auch darauf zu achten:

- Wie oft sind weibliche und männliche Personen im Verhältnis zueinander abgebildet?
- Welche Spiele werden Mädchen und welchen Jungen zugeordnet, bzw. welche Tätigkeiten werden den Männern und welche den Frauen zugeschrieben?
- Wie und in welchem Umfang wird z.b. die Berufstätigkeit der Frauen dargestellt?
- Interessant ist auch, welche Personengruppen nicht in Erscheinung treten, obwohl sie in unserem sozialen Leben durchaus vorkommen. In Bilderbüchern, die aus Skandinavien kommen, habe ich schon öfter z.b. muslimische Frauen mit Kopftüchern, Schwangere, RollstuhlfahrerInnen, alte Menschen und Väter mit Kindern abgebildet gesehen.

Wenn Sie mit offenen Augen die Bücherregale in den Buchläden betrachten und sich die oben aufgeführten Fragen stellen, dann wissen Sie, welche Bücher für ihr Kind in Frage kommen.

Auswahl des Malbedarfs und der Bastelmaterialien

Der Malbedarf

Die Bastelarbeiten der Anfangsstufe bestehen in der Regel aus dem Bemalen. Je nach Alter der Kinder und deren Erfahrungen im Umgang mit Stiften können Wachsmalstifte, dicke Buntstifte oder beides verwendet werden. Seit einiger Zeit gibt es sogenannte Kugelwachsmalstifte für die Allerkleinsten. Sie sind so geformt, dass kleine Kinderhände sie gut greifen können.

Normale Buntstifte sind für das Malen nicht so geeignet, da sie sehr dünn sind und zu wenig Greiffläche für die Kinderhand bieten.

Die kleine Hand kann sich dadurch leicht verkrampfen. Außerdem brechen die Spitzen häufig, da die Kinder ihre Kraft noch nicht so dosieren können.

Filzstifte haben den Nachteil, dass sie austrocknen, wenn die Hülle längere Zeit nicht aufgesteckt war. Außerdem geht die Malspitze schnell kaputt, da die meisten Kinder die Stifte noch mit unkontrollierter Kraft aufdrücken.

Fingerfarben eignen sich sehr gut zum Malen auf Fensterscheiben und Tapetenresten. Wichtig dabei ist, dass sie lebensmittelecht sind, dass das Kind einen Kittel zum Schutz trägt und einen Eimer Wasser zum Abwaschen in der Nähe hat. Allerdings mögen nicht alle Kinder die Fingerfarben an den Händen fühlen. Für diese Kinder ist es dann gut, wenn ein dicker Pinsel für sie bereitliegt. Man merkt oft schon bei anderen Tätigkeiten, ob Kinder gerne »etwas« an den Händen fühlen, z.B. an der Reaktion der Kinder auf den Marmeladeklecks an der Hand beim Essen, auf den Klebstoff an der Hand usw.

Das Malen mit Wasserfarbe ist erst für Kinder ab ca. 2½ Jahren geeignet, und es sollte stets eine Betreuung für jedes Kind dabeisein. Das Halten des Pinsels ist dabei nicht das Problem, sondern das Eintauchen in den Wasserbehälter und vor allem das Aufnehmen von Farbe mit dem Pinsel. Die meisten Kinder haben zu viel Wasser an den Pinselhaaren und kommen mit den kreisenden Pinselbewegungen des Farbenaufnehmens noch nicht zurecht.

Für jedes Kind sollte vorhanden sein:

- 2–3 Wachsmalstifte, eventuell Kugelwachsmalstifte
- 2–3 dicke Buntstifte
- 1 dicker Pinsel
- 1 dünner Pinsel
- 1 Wasserbehälter (breite, niedrige Behälter wie z.B. kleine Joghurtbecher, Quarkschalen usw.)
- 1–2 Tempera-Wasserfarben (mit einzelnen Paletten)

Bedarf an Bastelmaterial

- 1 Schere (Griff aus Plastik, Schneidespitzen abgerundet und aus guter Qualität, evtl. eine Linkshänderschere!)
- 1 Klebebehälter (keine Tuben und Klebestifte, da Kleinkinder ihre Kraft noch unkontrolliert einsetzen). Eine größere Flasche mit Kleber anschaffen und damit die kleinen Klebebehälter auffüllen. Bei größeren Klebeaktionen lohnt es sich auch, Tapetenkleister anzurühren. Leider fängt er nach einiger Zeit an zu riechen.)

- 1 Bastelunterlage (alte Tisch-Sets, Linoleum-Bodenfliesen aus Restposten)
- 1 Malkittel (alten Hemden und Blusen die langen Ärmeln abschneiden und die Knöpfe auf dem Rücken schließen!)

Verschiedenes:

- 1 Spitzer für dicke Buntstifte
- Luftballons (gibt es oft als Werbegeschenke)

Bedarf an Papier:

- 1 Block Tonpapier bzw. einzelne Blätter in den Farben Schwarz und Grün
- Tapetenreste und/oder Tapetenbücher (alle zwei Jahre erhalten die Maler- und Raumausstattergeschäfte neue Tapetenbücher; dort rechtzeitig erkundigen, wann der nächste Austausch stattfindet)
- Computer- oder EDV-Papier (bei der Kommunalverwaltung und in den örtlichen Betrieben nachfragen)

Kostenlose Dinge sammeln:

- leere Toilettenpapierrollen
- leere Küchentücherrollen
- Wollreste
- Walnusshälften
- Weinkorken
- gepresste Blätter
- Kiefernzapfen
- Gebrauchskarton (Verpackungsmaterial z.B. bei Hemden und Schlafanzügen usw.)
- Kronenkorken
- Styroporchips (als Verpackungsmaterial in Paketen zu finden oder beim Wertstoffcenter der Kommune nachfragen)
- gereinigte Muschelhälften

Anregungen zum Spielen mit Kleinkindern

Zu spielen bedeutet für Kinder nicht sinnentleertes Tun, sondern die lebenswichtige Auseinandersetzung mit ihrer Umwelt. Denn dadurch lernen sie die Finger geschickt zu bewegen, zu balancieren, sich sprachlich auszudrücken, die abgestimmte Koordination von Bewegung und Sprache, die intellektuellen Fähigkeiten zu erlangen, sich Konzentration anzueignen, ihr Sozialverhalten zu entwickeln, ihre Umwelt zu verstehen und damit umzugehen. Alles was uns Erwachsenen oft als Selbstverständlichkeit erscheint.

Kinder durchlaufen von Geburt an viele kleine und große Entwicklungsschritte in den verschiedenen Bereichen. Das Beschäftigen mit den unterschiedlichsten Spielzeugen fördert die altersgemäßen und individuellen Fähigkeiten der Kinder.

Spielende

Sie selbst können es bestimmt nicht leiden, wenn Sie aus einer Arbeit herausgerissen werden. Deshalb sollten Sie grundsätzlich, soweit es geht, auch auf das Spiel Ihres Kindes Rücksicht nehmen. Muss ein Termin außer Haus wahrgenommen werden, kündigen Sie es ein paar Minuten, bevor Sie gehen, an. Mit Minutenangaben kann ein Kind in diesem Alter allerdings noch nichts anfangen, aber man kann sich behelfen. Ein Küchenwecker, eingestellt auf die noch verbliebene Zeit, gibt dem Kind das Signal zum Spielende.

Allseits bereit

Als Mutter sind Sie gewöhnt, allerhand Gepäck mit sich zu führen, wenn Sie mit Ihrem Kind außer Haus gehen. Auf keinen Fall sollte außer den Windeln etwas zu trinken, trockene Kekse oder Apfelschnitze und ein Spielzeug fehlen. Besonders bei zeitaufwendigen

Arztbesuchen, Ämtergängen und längeren Fahrten macht sich das für die Nerven der Mutter bezahlt. Ein Kuli und ein kleiner Block, ein Matchbox-Auto oder ein kleines Bilderbuch nehmen nicht viel Platz ein und beschäftigen den Nachwuchs eine ganze Zeit lang. Sollte dies alles nichts nützen, genieren Sie sich nicht. Ihre beiden Hände haben Sie immer dabei und können Ihr Kind mit Fingerspielen bei Laune halten.

Konstruieren und nach Fantasie gestalten

Konstruktionsspielzeuge wie Holzeisenbahn, Bau- und Duplo-Steine sind wie geschaffen für die Väter. Hier werden Kindheitserinnerungen wach und mit Feuereifer nachgespielt. Aber Vorsicht! Das Spielen des Kindes steht im Vordergrund und dessen fantasievolle Bauten. Dabei ist es auch nicht wichtig, was genau auf der Verpackung oder in der Bauanleitung steht. Konstruktionsspielzeuge fördern die Feinmotorik der Hände, die Fantasie, die geistige Entwicklung, die Koordination beider Hände und den Frust zu ertragen, wenn wieder mal ein Bauwerk daneben ging. Die Konstruktionen machen dem Kind sehr viel Mühe und Arbeit, deshalb ist es verständlich, dass es oft nicht gleich wieder eingerissen werden soll. Ein Plätzchen im Regal ist für solche Fälle freizuhalten.

Kleine Rollenspiele

Kinder lieben Rollenspiele. Sie setzen sich darin mit den Personen in ihrer Umwelt auseinander, mit dem, was diese tun und wie sie sich zueinander verhalten.

Kleinkinder spielen gerne mit Stofftieren Rollenspiele. Meistens nimmt das Kind die Rolle des Erwachsenen und das Stofftier die Rolle des Kindes an. Wenn Sie den Monologen des Kindes zuhören, werden Ihnen ab und zu die Haare zu Berge stehen. Dann nämlich, wenn Sie als Außenstehende erfahren, wie unsinnig manche Verbote oder Anweisungen von Ihnen sich anhören.

Auch die Tätigkeiten ihrer Bezugspersonen wollen die Kinder nachspielen. Die Räume, in denen es sich tagsüber mit seiner Hauptbezugsperson am meisten aufhält, sind wohl die Küche und das Wohnzimmer. Das Kind ist zum einen neugierig und zum anderen will es natürlich die Arbeit der Mutter nachahmen. Damit es nicht alles in der Küche und im Wohnzimmer ausräumt, sollte für das Kind in der Küche eine bestimmte Schublade mit Plastikschüsseln, ein paar alten Rührlöffeln und einem kleinen Topf reserviert werden. Im Wohnzimmer sollte es eine Schublade mit nicht zerbrechlichen Dingen für das Kind geben. Falls ein Bücherregal vorhanden ist, sollte das unterste Bord dem Kind vorbehalten und mit seinen Bilderbüchern, alten Katalogen und ausgebrauchten Telefonbüchern bestückt werden.

Stofftiere sind kuschelig und weich und eignen sich daher besonders beim Einschlafen und bei Tränen zum Trösten.

Beweglichkeit der Handgelenke

Die im Kapitel »Fördermaterial zum Spielen, Basteln und Gestalten« aufgeführten Spielsachen eignen sich sehr gut, um die Beweglichkeit der Handgelenke zu üben. Aber auch einige alltägliche Verrichtungen zur Selbstständigkeit wie Zähne putzen, Haare bürsten und alleine mit Besteck essen unterstützen die Beweglichkeit.

Gezieltes und dosiertes Greifen der Hände

Alles was das Kind mit den Händen tut, fördert diese Ziele. Die im Kapitel »Fördermaterial zum Spielen, Basteln und Gestalten« genannten Spiele schulen die Fingerfertigkeit gezielt.

Zuordnungsspiele nach bestimmten Eigenschaften

Zuordnungsspiele nach den gleichen Abbildungen, nach Farbe, Formen, Größe und Gegensätzen fördern die geistige Entwicklung und damit die Intelligenz des Kindes. Anhand der Anforderungen, die an einen Erstklässler gestellt werden, soll ihre Bedeutung beleuchtet werden. Der Schüler muss die Buchstaben erkennen, um sie lesen und schreiben zu können. Die Buchstaben sind rund und/oder eckig. Ein »d« und »b« unterscheiden sich nur darin, dass der Bauch jeweils auf eine andere Seite zeigt. Es gibt große und kleine

Buchstaben. Erwachsene haben unterschiedliche Schriften und dennoch müssen die einzelnen Buchstaben daraus erkannt werden, um sie lesen zu können. Diese komplexen Aufgaben erwarten die Kinder. Sie haben ihre Grundlagen in den Zuordnungsspielen.

Sicher können Sie sich noch an die nervenaufreibende Zeit erinnern, als Ihr Kind alles aus dem Kinderwagen und vom Hochstuhl warf. Aber auch hier wollte Sie Ihr Kind nicht ärgern, sondern es experimentierte. Ein Schaumstoffball fühlt sich im Mund viel weicher an als ein Holzklotz. Auch gibt er im Gegensatz zum Holzklotz kaum Geräusche von sich, wenn man ihn auf den Boden wirft. Das Kind lernt aus seinem für uns unsinnigen Tun die Eigenschaften der verschiedenen Materialien schon einmal grob kennen.

Zuordnungsspiele nach »Gefühl« fördern die Sinneswahrnehmung und die Materialkunde. Woher wissen wir, wie sich Seide anfühlt? Ganz einfach, weil wir es schon einmal in der Hand hatten.

Grob- und Bewegungsmotorik

Die bereits vorhandene Grob- und Bewegungsmotorik muss noch mehr ausgefeilt, besser dosiert und koordiniert werden. Nachziehspielzeug, Lauftiere mit Schiebestock, Bobby-Car, Puppenwagen und später dann das Dreirad schaffen die Voraussetzungen dafür. Ein Kind ist erst ab fünf Jahren einigermaßen sicher in der Lage, ein Fahrrad mit Stützrädchen zu beherrschen. Die Anforderungen an die Koordination beider Beine und Arme sowie das richtige Reagieren mit dem Lenker und die Wahrnehmungsleistung dessen, was um einen herum passiert, stellen eine immense Anforderung an das Kind. Besser ist es, nach dem Dreirad erst einmal einen Roller zu kaufen, um das Gleichgewichtsgefühl des Kindes zu trainieren.

Gesellschaftsspiele

Gesellschaftsspiele wie Bilderlotto, Memory, Domino, Ballone, Angeln und einige andere spielt man mit mindestens einem Mitspieler. Dies ist für das Kind eine neue Erfahrung. Es muss plötzlich warten, bis es an der Reihe ist. Es muss vorgegebene Regeln befolgen und kann so nicht machen, wie es gerade will. Auch ist da auf einmal die Möglichkeit, dass man verlieren kann und nicht mehr so toll erscheint, wie man immer gedacht hat. Das auf die Reihe zu bekommen, ist für manches Kind eine harte Nuss. Spielt das Kind mit der Mutter ein Gesellschaftsspiel, kann sie schon darauf achten, dass das Kind nicht dauernd verliert. Es sollte aber nicht so sein, dass das Kind dauernd gewinnt. Es muss lernen zu verlieren, den Frust und den Ärger auszuhalten und einem anderen den Sieg zu überlassen. Natürlich könnte die Mutter das Kleinkind davor bewahren. Aber was ist, wenn es in die Spielgruppe oder in den Kindergarten geht? Dann wird das Kind mit der Realität konfrontiert und versteht die Welt nicht mehr. Vor so einer Situation kann die Mutter das Kind bewahren, indem sie ihm ganz behutsam das Verlieren beibringt.

Fingerspiele

Viele Mütter sind der Meinung, dass sie nicht gut singen können. Das führt dazu, dass sie sich genieren, vor anderen Menschen zu singen. Sie lassen dabei außer acht, dass es Kindern ziemlich egal ist, wie man singt, Hauptsache, es wird gesungen.

Die praktische Anwendung

- *Durchführung*
  Es ist wichtig, dass die Fingerspiele regelmäßig durchgeführt werden. Nur wenn die Kinder sie öfters hören und sehen, lernen sie sie auswendig. Am Anfang ist es sinnvoll, ein paar Fingerspiele auszusuchen und immer in der gleichen Reihenfolge zu spielen. Wird das Repertoire erweitert, hängt man das neue Lied einfach hinten an. Es hilft den Kindern, sich zu orientieren und sich an einen bestimmten Verlauf zu gewöhnen. Sind den Kindern die Lieder geläufig, kann nach deren Liedwunsch gefragt und so das Gedächtnis geschult werden.
  Jedes Lied wird zweimal gesungen, es sei denn, dass es durch seine austauschbaren Begriffe sowieso wiederholt wird.
  Am Anfang schauen die Kinder normalerweise nur interessiert zu. Erlaubt es das Kind, kann die Mutter seine Hände führen. Solange das Kind interessiert erscheint, in dem es ruhig sitzen bleibt und zuschaut, führt die Mutter die Fingerspiele vor. Es dauert erfahrungsgemäß nicht lange, bis die Kinder aktiv mitmachen wollen. Das Mitsingen des Textes dauert dann noch ein bisschen. Die Reihe der Fingerspiele kann jederzeit, wenn das Kind kein Interesse mehr daran hat oder zu müde ist, abgebrochen werden.
  Fingerspiele eignen sich auch sehr gut dazu, Wartezeiten beim Arzt, beim Finanzamt oder während einer Bahnfahrt zu überbrücken.

- *Anfangslied*
  Welches Lied Sie auch wählen, es ist wichtig für die Kinder, dass es immer das gleiche Lied ist, damit diese wissen, was nun beginnt.

- *Lerneffekte*
  Die Kinder lernen durch die Fingerspiele den Sinn des Textes mit den Handbewegungen zu koordinieren, und das Ganze auch noch synchron mit der Mutter und vielleicht noch dem älteren Geschwisterchen.
  Singen und Bewegen macht den Kindern nicht nur viel Spaß, sondern ermöglicht auch wichtige Lernfortschritte. Allerdings ist es auch anstrengend für die Kleinen, da Spielen durchaus mit Arbeiten vergleichbar ist.

Die verschiedenen Schwierigkeitsstufen

Die Schwierigkeitsstufe der Lieder ist jeweils rechts oben durch die Anzahl der Punkte gekennzeichnet.

- ● = Anfangsstufe, leichte Anforderungen
- ●● = Mittelstufe, gesteigerte Anforderungen
- ●●● = schwierige Stufe, schwierigere Anforderungen

Die Schwierigkeitsangaben wurden bewusst nicht nach Alter gestaffelt. Jede Mutter sollte mit der Anfangsstufe beginnen, bis sie das Niveau ihres Kindes herausgefunden hat.

Manche Kinder, die sehr lärmempfindlich sind, bedürfen einer Eingewöhnungszeit, bis ihnen das Singen vertraut ist.

Bei den Liedern steht jeweils eine kurze Beschreibung, wenn etwas Besonderes geübt wird. Grundsätzlich schult jedes Lied zugleich Gehör, Gedächtnis, Sprache und Wortschatz. Zum Beispiel in dem Lied »Meine Hände sind verschwunden« kommen Begriffe wie Hände, Augen, Mund usw. vor, die das Körperbewusstsein der Kinder schärfen. Bei diesem und allen anderen Fingerspielen besteht eine Schwierigkeit darin, Sprache und entsprechende Bewegungen zu koordinieren.

Hallo, hallo, wer ist denn heute da?

Überliefert

Hallo, hallo, wer ist denn heute da?
Da ist die/der ...
(klatschen)
»Wie heißt du?«
(Das angesprochene Kind fragen, wie es heißt.)
Da ist die »Jenny« mit ihrer Mama.
(Klatschen.)

Bemerkungen:

Dieses Lied ist auch sehr gut dazu geeignet, regelmäßig den Spielgruppenabschnitt Fingerspiele einzuleiten. Am besten fängt die Gruppenleiterin bzw. die Mutter, die für diesen Bereich zuständig ist, abwechselnd rechts oder links von sich an, die Kinder anzusprechen. Dadurch lernen die Kinder die Bedeutung einer Reihenfolge, nämlich dass man warten muss, bis man an die Reihe kommt. Möchte ein Kind seinen Namen nicht sagen, sollte die Gruppenleiterin die Mutter auffordern, ihn zu nennen. Das Kind höchstens zweimal nach seinem Namen fragen, da es sich sonst unter Druck gesetzt fühlt. Wenn sich die Kinder schon gut kennen, können auch die anderen Kinder nach dem Namen des Kindes gefragt werden. Auch wenn ein Geschwisterbaby angesprochen ist, wird zuerst das ältere Geschwisterchen nach dem Namen gefragt und dann erst die Mutter.

Besonderheiten:

Durch dieses Lied lernen die meisten Kinder nach einiger Zeit ihre Schüchternheit abzulegen. Außerdem lernen die Kinder die Bedeutung einer Reihenfolge.

Meine beiden Hände mit zehn Fingern dran

Überliefert

Meine beiden Hände mit zehn Fingern dran.
(Beide Hände hochhalten und mit den Fingern zappeln.)
Die können winken, schaut euch das mal an.
Die können winken, schaut euch das mal an.
(Beide Hände hochhalten und drehen.)

Bemerkungen:

Das Lied kann wiederholt werden durch: Malen *(mit beiden Armen großflächige Kreise auf dem Tisch ziehen)*, Klatschen, Klopfen *(auf den Tisch klopfen)*, Krabbeln *(mit den Fingerspitzen über den Tisch krabbeln)* usw.

Besonderheiten:

Bei diesem Fingerspiel werden besonders die Handgelenkbeweglichkeit und die Fingergeschicklichkeit geübt.

Kleine Schnecke, kleine Schnecke

Überliefert

Kleine Schnecke, kleine Schnecke, kriecht hinauf, kriecht hinauf.
  (Eine Hand des Kindes oder der Mutter krabbelt an einem Arm des Kindes hoch.)
Kriecht auch wieder runter, kriecht auch wieder runter.
  (Die Hand krabbelt am Arm wieder runter.)
Kitzelt dich am Bauch, kitzelt dich am Bauch.
  (Die Hand kitzelt das Kind am Bauch.)

Bemerkungen:

Dieses Lied wird auf die Melodie des Kanons »Bruder Jacob« gesungen.

Besonderheiten:

Die Begriffe »hinauf« und »hinunter« werden umgesetzt.

Bim, bam, bommel

Überliefert

Bim, bam, bommel, die Katze schlägt die Trommel.
    (Laut mit den Fäusten auf den Tisch trommeln.)
Zehn kleine Mäuschen tanzen in der Reih
    (leise mit den Fingerspitzen über den Tisch krabbeln),
und die ganze Erde donnert laut dabei.
    (Laut mit der flachen Hand auf den Tisch schlagen.)

Bemerkungen:

Dieser Reim wird nur gesprochen.

Besonderheiten:

In diesem Reim werden »laut« und »leise« vermittelt.

Wie das Fähnchen auf dem Turme

Überliefert

Wie das Fähnchen auf dem Turme
   (Arm hochhalten und die Hand locker hängen lassen)
sich kann drehn bei Wind und Sturme,
so soll sich mein Händchen drehn,
dass es eine Lust ist anzusehn.
   (Hand hin und her bewegen.)

Besonderheiten:

Die Handgelenkbeweglichkeit wird gefördert.

Mit Fingerchen, mit Fingerchen

Überliefert

Mit Fingerchen, mit Fingerchen,
(mit dem Zeigefinger auf den Tisch klopfen)
mit der flachen, flachen Hand.
(Mit den flachen Händen auf den Tisch klatschen.)
Mit Fäusten, mit Fäusten,
(mit den Fäusten auf den Tisch trommeln),
mit dem Ellenbogen,
(mit dem Ellenbogen auf den Tisch pochen),
klatsch, klatsch, klatsch.
(Klatschen).

Besonderheiten:

Bei diesem Lied werden die verschiedenen Hand- und Armstellungen vermittelt.

Zehn kleine Zappelfinger

Überliefert

1. Zehn kleine Zappelfinger zappeln hin und her.
   Zehn kleinen Zappelfingern fällt das gar nicht schwer.
   (Die Hände werden abwechselnd von rechts nach links geführt, währenddessen die zehn Finger bewegt werden.)
2. Zehn kleine Zappelfinger zappeln auf und nieder.
   Zehn kleine Zappelfinger tun das immer wieder.
   (Die Hände werden mit den »zappelnden« Finger vor dem Oberkörper auf und ab geführt.)
3. Zehn kleine Zappelfinger zappeln rings herum.
   Zehn kleine Zappelfinger sind ja gar nicht dumm.
   (Die Hände mit den »zappelnden« Fingern beschreiben einen Kreis.)
4. Zehn kleine Zappelfinger kriegen einen Schreck.
   (In die Hände klatschen.)
   Zehn kleine Zappelfinger sind auf einmal weg.
   (Hände auf dem Rücken oder unter dem Tisch verstecken.)
5. Zehn kleine Zappelfinger kriechen ins Versteck.
   Zehn kleine Zappelfinger sind auf einmal weg.
   (Hände krabbeln unter den Pulli oder unter den Tisch.)
6. Zehn kleine Zappelfinger rufen laut hurra.
   (Hände kommen wieder zum Vorschein.)
   Zehn kleine Zappelfinger, die sind wieder da.
   (Arme hochhalten und die Hände im Handgelenk drehen.)

Bemerkungen:

Für die Kinder ist es wichtig, dass die Hände irgendwie wiederkommen. Es bietet sich auch an, die letzte Strophe wegzulassen und dafür gleich mit dem Lied »Meine Hände sind verschwunden ...« weiterzumachen.

Dieses Fingerspiel kann auch gesprochen werden.

Besonderheiten:

Durch dieses Fingerspiel werden die Bezeichnungen »auf«, »nieder« und »rundherum« verständlich.

Meine Hände sind verschwunden

Überliefert

Meine Hände sind verschwunden!
Ich habe keine Hände mehr.
> *(Hände werden auf dem Rücken oder unter dem Tisch versteckt.)*

Ei, da sind die Hände wieder!
> *(Die Hände werden hervorgeholt und im Handgelenk gedreht.)*

Tralalalalala.
> *(Klatschen.)*

Bemerkungen:

Es können noch verschwinden: Ohren, Nase, Mund und Augen. Später können Wangen, Stirn, Kinn und Haare folgen.

Das Kind lässt einen Körperteil verschwinden, indem es das Genannte mit den Händen zudeckt. Oft mögen es die kleineren Kinder noch nicht, wenn ihnen die Augen zugehalten werden.

Wenn man zuvor das Lied »Zehn kleine Zappelfinger« singt, dann lässt man die Hände auf dem Rücken und fängt bei diesem Lied mit den versteckten Händen an.

Zum Abschluss des Liedes kann man das Kind unter den Tisch verschwinden lassen und wieder hervorholen.

Es ist zu beachten, dass manche kleinen Kinder es nicht mögen, wenn sie keinen Blickkontakt mehr zur Mutter haben. Entweder wird diese Strophe dann weggelassen, oder die Kinder bleiben auf ihren Stühlen sitzen.

Das gleiche Lied kann auch beim Kreisspiel gesungen werden; allerdings mit anderen Körperteilen.

Besonderheiten:

In diesem Lied werden die verschiedenen Körperteile benannt.

Mein Häuschen ist nicht gerade

Überliefert

Mein Häuschen ist nicht gerade,
ist das aber schade.
    (Die Fingerspitzen beider Hände werden aneinander gelegt,
    sodass sie ein etwas schiefes Dach bilden.)
Mein Häuschen ist ein wenig krumm,
ist das aber dumm.
    (Das Dach neigt sich mehr zu Seite.)
Puh, bläst der Wind hinein.
    (Jeder bläst in sein Dach hinein.)
Bauz, fällt mein ganzes Häuschen ein!
    (Klatschen.)

Besonderheiten:

Die Begriffe »gerade« und »schief« werden beigebracht.

Gewitter ●●

Überliefert

Erst scheint die Sonne
>   *(beide Hände treffen sich über dem Kopf und beschreiben dann einen Halbkreis),*

dann tröpfelt es
>   *(die Finger bewegen und die Hände vor dem Gesicht von oben nach unten führen),*

dann regnet es
>   *(mit den Fingerspitzen auf den Tisch trommeln),*

dann blitzt es
>   *(mit der flachen Hand auf den Tisch schlagen),*

und dann donnerts.
>   *(Mit den Fäusten auf den Tisch schlagen oder, wenn die Kinder auf Kinderstühlen sitzen, mit den Beinen stampfen.)*

Besonderheiten:

Übungen für die Koordination beider Hände und Arme.

Himpelchen und Pimpelchen

Marie Engelmann-Herz

Himpelchen und Pimpelchen,
(die Finger werden zur Faust geschlossen, die Daumen sind nach oben gestreckt und wackeln)
die gingen auf einen Berg.
(Abwechselnd die Fäuste nach oben klettern lassen.)
Himpelchen war ein Heinzelmann,
(der Daumen einer Hand wackelt)
und Pimpelchen war ein Zwerg.
(Der Daumen der anderen Hand wackelt,)
Sie blieben lange oben sitzen
und wackelten mit den Zipfelmützen.
(Mit den Endgliedern der Daumen wackeln.)
Doch nach fünfundsiebzig Wochen
sind sie in den Berg gekrochen,
(Die Daumen verschwinden in der Faust.)
Schnarchen dort in guter Ruh.
Seid mal still und horcht mal zu!
ch ch ch ch ch …
(Schnarchen.)

Besonderheiten:

Übungen für die Koordination beider Hände und Finger.

Steigt ein Kindlein auf den Baum

Überliefert

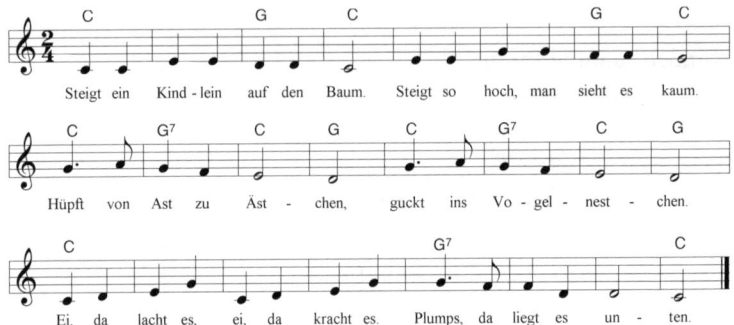

(Der Ellenbogen wird auf den Tisch aufgestellt, der Unterarm dient als Baumstamm und die Finger als Äste.)
Steigt ein Kindlein auf den Baum.
(Andere Hand klettert am Unterarm hoch.)
Steigt so hoch, man sieht es kaum.
(Die Hand klettert bis zu den Fingerspitzen hoch.)
Hüpft von Ast zu Ästchen,
(Die Hand geht von Fingerspitze zu Fingerspitze),
guckt ins Vogelnestchen.
(Die Hand legt sich gefaustet in die »Äste«.)
Ei, da lacht es, ei, da kracht es.
Plumps, da liegt es unten.
(Die Hand klatscht auf den Tisch.)

Bemerkungen:

Bei der Wiederholung des Liedes steigt ein Mädchen und dann ein Junge auf den Baum, wenn die Kinder das möchten.

Besonderheiten:

Die Fingergeschicklichkeit wird besonders geübt.

Die Fröschelein, die Fröschelein

Überliefert

1. Die Fröschelein, die Fröschelein, das ist ein muntrer Chor.
   Sie haben ja, sie haben ja kein Schwänzchen und kein Ohr.

   Refrain:
   Quak, quak, quak, quak, quak, quak, quak, quak, quak, quak,
   quak, quak, quak, quak. Quak, quak, quak, quak, quak, quak,
   quak, quak, quak, quak, quak, quak, quak, quak.
   (Finger aneinander legen, Daumen im Takt an die Mittelfingerkuppe führen.)

2. Die Fröschelein, die Fröschelein, das ist ein muntrer Chor.
   Und kommt der Storch und kommt der Storch,
   dann springen sie ins Moor.
   (Hand bzw. beide Hände unter dem Tisch oder dem Sweatshirt verstecken.)

   Refrain: …

3. Die Fröschelein, die Fröschelein, das ist ein muntrer Chor.
   Und ist der Storch dann endlich fort,
   dann kommen sie hervor.
   (Hand bzw. beide Hände kommen wieder hervor.)

   Refrain: …

A ram sam sam

Überliefert

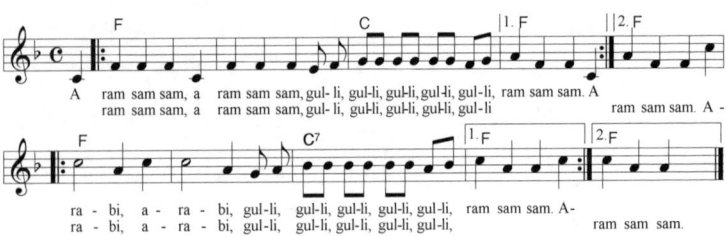

A *(klatschen)* ram sam sam,
  (Handflächen auf den Tisch klatschen)
a *(klatschen)* ram sam sam,
  (Hände auf den Tisch klatschen)
gulli, gulli, gulli, gulli, gulli,
  (Unterarme umeinander drehen)
ram sam sam.
  (Hände auf den Tisch klatschen.)

Wiederholen

Arabi, arabi,
  (Arme nach oben strecken und dann den gesamten Oberkörper zum Tisch neigen)
gulli, gulli, gulli, gulli, gulli,
  (Unterarme umeinander drehen)
ram sam sam.
  (Handflächen auf den Tisch klatschen.)

Wiederholen

Besonderheiten:

Das Lied kann schneller und langsamer, lauter und leiser gesungen werden.

Gestaltungsangebote

Erwartungen der Kinder und der Mütter

Erwachsene haben oft andere Erwartungen an kreatives Gestalten als Kinder. Bei ihnen zählt in der Regel nur das Ergebnis. Für die Kinder gilt »Der Weg ist das Ziel« (chinesisches Sprichwort), d.h., das Basteln ist das wichtigste und nicht so sehr das, was am Ende herauskommt. Diese unterschiedliche Betrachtungsweise führt oft dazu, dass Mütter sich gemüßigt fühlen, die Gestaltungen ihres Kindes im Nachhinein zu verschönern. Das könnte zur Folge haben, dass die Kinder die Bastelarbeit nicht mehr als ihre anerkennen und keine Freude mehr daran haben. Außerdem könnte es bei häufiger Wiederholung vorkommen, dass diese Kinder aus lauter Frust, da ihre Ergebnisse den Müttern nie genügen, die Lust am Gestalten verlieren. Deshalb ist es wichtig, dass sich Mütter immer wieder daran erinnern, dass für Kinder z.B. ein Käfer anders aussieht als für sie.

Auswahl der Bastelarbeiten

Grundsätzlich sollte auch hier wie bei den Finger- und Kreisspielen mit der Anfangsstufe begonnen werden, da der Entwicklungsstand und die Fähigkeiten erst einmal durch Beobachtungen herausgefunden werden müssen.

Nicht alle Kinder gleichen Alters sind auch gleich weit in ihrer Entwicklung. Es kommt darauf an, ob sie schon Erfahrungen im Umgang mit Mal- und Bastelarbeiten gemacht haben. Altersangaben sind deshalb relativ und mehr als Anhaltspunkte zu begreifen.

In der Regel werden die Kinder die meisten Aufgaben gut bewältigen können und wenn nicht, so ist das meistens auch nicht weiter schlimm. Solange ein Kind nicht in mehreren Bereichen auffällig ist, z.B. nicht malt, nicht gerne Bilderbücher anschaut, im Kreisspiel nicht mitmacht usw., holt es diese Entwicklung im Laufe der Zeit nach. Bestehen Zweifel an der altersgemäßen Entwicklung, so kann ein Besuch beim Kinderarzt oder bei der Kinderärztin Klarheit verschaffen.

Fast alle Gestaltungsangebote sind aus praktischen Erwägungen den Jahreszeiten oder besonderen Gegebenheiten im Jahr wie Laternenfest, Weihnachten usw. zugeordnet.

Manche Zeichnungen wurden bewusst einfach gehalten um die Vorbereitung zu erleichtern. Sie können mit dem Kopierer auf die gewünschte Größe vergrößert werden.

Die verschiedenen Schwierigkeitsstufen

Um Unsicherheiten aus dem Weg zu gehen, ist das Gestalten in 3 Schwierigkeitsstufen eingeteilt, die den Entwicklungsschritten der Hände entsprechen. Alle Kinder können die Gestaltungsangebote der Anfangstufe mit mehr oder weniger Ausdauer bewerkstelligen.

Die Einteilung in 3 Schwierigkeitsstufen soll Ihnen die Auswahl der Gestaltungsangebote erleichtern.

- ● = Anfangsstufe, mit leichten Anforderungen
  (Tätigkeiten, die mit einer Hand ausgeführt werden, wie z.B. Malen)
- ●● = Mittelstufe, mit gesteigerten Anforderungen
  (Tätigkeiten, die mit beiden Händen ausgeführt werden, wie z.B. Papierreißen, Kleben, Auffädeln usw.)
- ●●● = Schwierigere Stufe, mit schwierigeren Anforderungen
  (wie z.B. Falten, Schneiden mit der Schere, Nähen, Kneten usw.)

Muttertagsherz

Benötigtes Material pro Kind:
☐ Malstifte
☐ rotes Tonpapier (15 × 15 cm)
☐ dicker Wollfaden ca. 80 cm
☐ Bastelunterlage

Sonstiges:
☐ Locher

Vorbereitungen:
Ein Herz auf den roten Tonkarton aufzeichnen und ausschneiden.

Gestaltungsphase:
Das Herz wird auf beiden Seiten schön angemalt. Danach wird in die Mitte am oberen Rand ein Loch geknipst, durch das der Wollfaden geführt und dann verknotet wird.

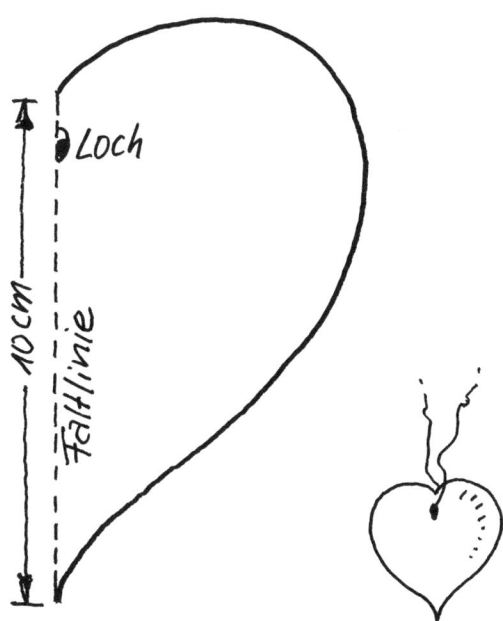

Mäuschen ●

Benötigtes Material pro Kind:
- ☐ Bastelunterlage
- ☐ Schere
- ☐ Tonpapierkreis (20 cm ⌀)
- ☐ Malstifte
- ☐ Kleber
- ☐ Tonpapierschnipsel

Sonstiges:
- ☐ einen Bleistift
- ☐ Schere
- ☐ Zirkel oder Schüssel mit 20 cm ⌀

Vorbereitungen:
Aus dem Tonpapier einen Kreis mit 20 cm ⌀ ausschneiden und vierteln. Die beiden Ohren aufzeichnen und ausschneiden.

Gestaltungsphase:
Die Kinder malen das Mäuschen auf beiden Seiten an, danach wird es in der Mitte gefaltet. Die Ohren werden angeklebt und von einem Tonpapierschnipsel wird das Schwänzchen abgeschnitten und angeklebt. Eventuell noch die Augen, die Nase und die Barthaare aufmalen.

Frühling 61

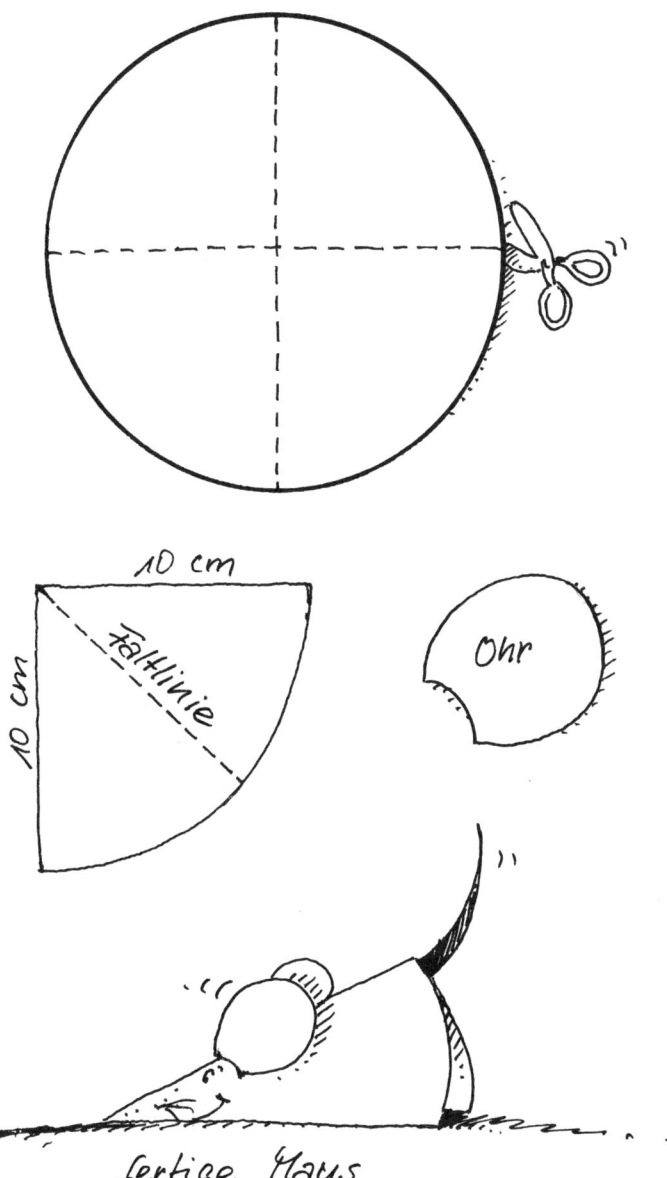

Papierschnecke

Benötigtes Material pro Kind:
- Bastelunterlage
- Schere
- Malstifte
- Tonpapier (40 × 4 cm)

Sonstiges:
- Lineal
- Schere
- Bleistift

Vorbereitungen:
Papierstreifen aus dem Tonpapier ausschneiden und die Schnittstellen und -tiefen einzeichnen.

Gestaltungsphase:
Die Kinder malen die Schnecke auf beiden Seiten an. Mit Hilfe der Mutter wird an den angezeichneten Stellen eingeschnitten und die Schnecke zusammengesteckt. Anschließend faltet man für das Gesicht am breiten Ende im Abstand von 0,5 cm 3-mal um. Danach noch die Augen aufmalen.

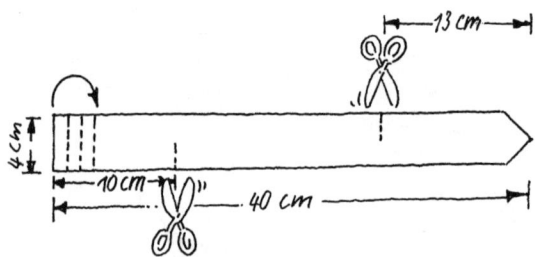

Serviettenkäfer

Benötigtes Material pro Kind:
- Bastelunterlage
- Malstifte
- Gebrauchskarton (9 × 9 cm)
- Kleber
- Holz-Wäscheklammer

Sonstiges:
- Bleistift
- Schere

Vorbereitungen:
Aus dem Karton einen Käfer ausschneiden.

Gestaltungsphase:
Die Kinder malen ihren Käfer an, die Mütter schreiben den Vornamen des Kindes darauf. Nun wird die Unterseite des Käfers auf die Holz-Wäscheklammer geklebt. Trocknen lassen.

Bemerkungen:
Erfahrungsgemäß haben die Mütter meistens eine genaue Vorstellung davon, wie ein Käfer auszusehen hat. Deshalb sollten sie nicht vergessen, dass dies ein Fantasiekäfer der Kinder wird und kein Marienkäfer, wie er in Wirklichkeit aussieht.

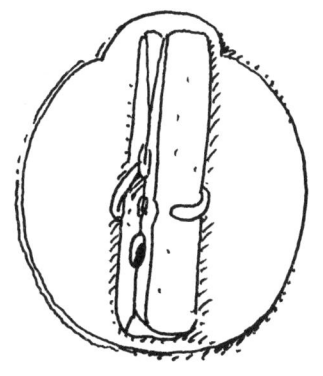
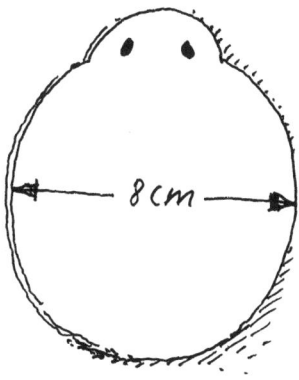

Vogel

Benötigtes Material pro Kind:
- Bastelunterlage
- Kleber
- Gelbes Tonpapier (10 × 6 cm)
- Malstifte
- 2 Walnusshälften
- Nähfaden

Sonstiges:
- Bleistift
- Schere

Vorbereitungen:
Den Vogel auf gelbem Tonpapier aufmalen und ausschneiden.

Gestaltungsphase:
Die Kinder malen den Vogel bunt an und kleben dann von beiden Seiten eine Walnusshälfte als Flügel an. Den Faden zum Aufhängen nicht vergessen.

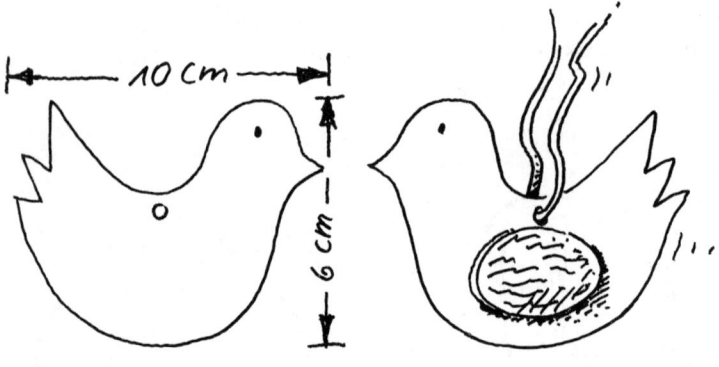

Schmetterling ●●

Benötigtes Material pro Kind:
- Bastelunterlage
- Schere
- leere Toilettenpapierrolle
- Schnipsel von farbigem Tonkarton
- Malstifte
- Kleber
- Tonkarton (20 × 20 cm)
- Wollfaden 80 cm

Sonstiges:
- Bleistift
- Schere

Vorbereitungen:
Den Schmetterling auf den Tonkarton aufzeichnen und ausschneiden.

Gestaltungsphase:
Die Kinder bemalen den Schmetterling, sie können auch vom farbigen Tonpapier kleine Schnipsel abschneiden und auf den Schmetterling kleben. Danach wird er in der Mitte auf die leere Toilettenpapierrolle geklebt. Einen Wollfaden abschneiden, durch die Toilettenpapierrolle führen und verknoten.

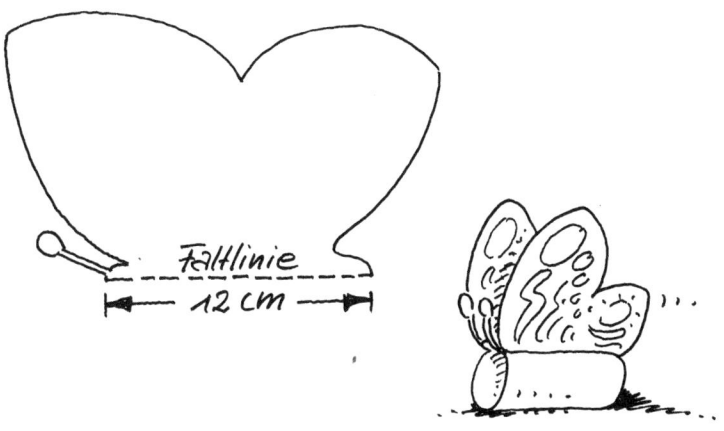

Eierständer »Hase«

Benötigtes Material pro Kind:
- Bastelunterlage
- Kleber
- Büroklammer
- Malstifte
- Tonpapier (20 × 20 cm)

Sonstiges:
- Schere
- Stift

Vorbereitungen:
Hase mit Halterung aufzeichnen und ausschneiden.

Gestaltungsphase:
Dem Hasen wird ein Gesicht gemalt, und die Halterung wird bemalt. Dann wird die Halterung zu einem Ring geschlossen, festgeklebt und mit einer Büroklammer gesichert, bis sie getrocknet ist.

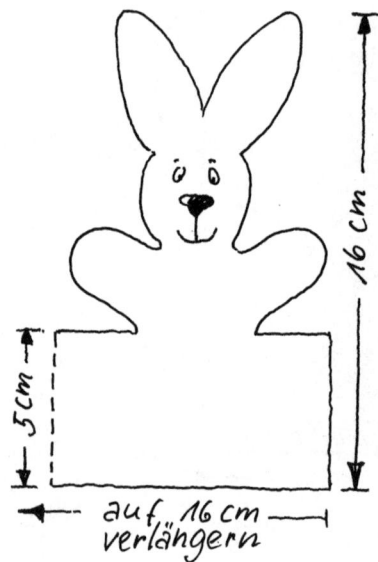

Eierhenne

Benötigtes Material pro Kind:
- Bastelunterlage
- gelber Tonkarton (30 × 30 cm)
- gelber Faden (80 cm)
- Malstifte
- Stopfnadel

Sonstiges:
- Schere
- Lochzange
- Bleistifte

Vorbereitungen:
Die Henne und vier verschieden große Eier auf gelben Tonkarton aufzeichnen, ausschneiden und jeweils mit der Lochzange ein Loch reinknipsen.

Gestaltungsphase:
Die Kinder malen die Eier bunt an. Die Mütter nähen die drei kleinsten Eier sehr lose an den Bauch der Henne. Das größte Ei wird in den Bauch der Henne gehängt und ein Aufhänger für die Henne angebracht.

Eierschmuck

Benötigtes Material pro Kind:
- Bastelunterlage
- Kleber
- Gebrauchskarton (10 × 15 cm)
- Malstifte
- Wollfaden (ca. 30 cm)

Sonstiges:
- Schere

Vorbereitungen:
Auf dem Gebrauchskarton 2 gleich große Eier aufzeichnen und ausschneiden.

Gestaltungsphase:
Die Kinder malen die beiden Eier auf einer Seite an. Danach werden sie zusammengeklebt, und dazwischen kommt der Wollfaden als Aufhänger.

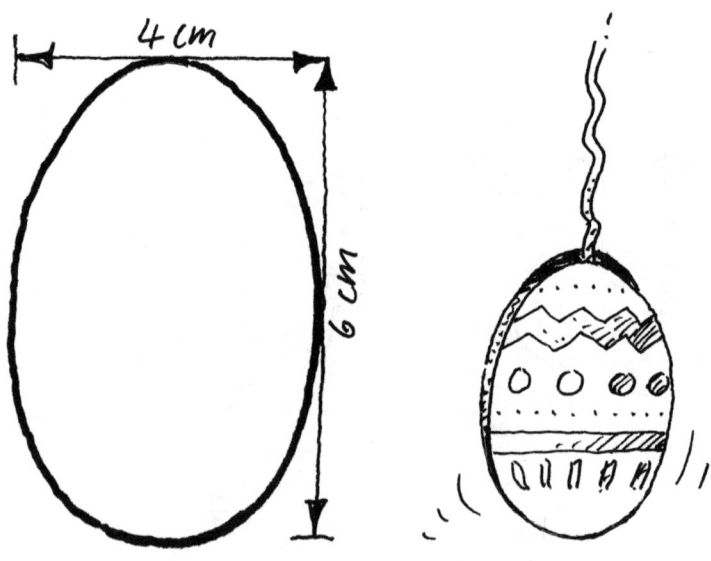

Osterbild oder Postkarte ●

Benötigtes Material pro Kind:
- ☐ Bastelunterlage
- ☐ Radiergummi mit hartem Teil
- ☐ Wachsmalstifte
- ☐ weißer Karton (ca. 10 × 15 cm)

Sonstiges:
- ☐ Schere
- ☐ Bleistift
- ☐ Lineal

Vorbereitungen:
Karton in der entsprechenden Größe zuschneiden bzw. weiße Postkarten kaufen.

Gestaltungsphase:
Die Kinder bemalen den weißen Karton mit den Wachsmalstiften. Danach wird mit dem harten Teil des Radiergummis von der Bildmitte nach außen gezogen.

»Eierköpfe« ●●

Benötigtes Material pro Kind:
- Bastelunterlage
- Schere
- Filz: 2 braune (3 × 5cm) oder 2 graue (3 × 3 cm) Teile
- Filzstifte
- gekochtes Ei
- 5 cm schwarzer oder grauer Wollfaden oder eine gelbe Wattekugel

Sonstiges:
- Topf mit kochendem Wasser
- Schere
- Filzstift
- Eierkarton

Vorbereitungen:
Eier kochen, die entsprechende Anzahl Hasen- oder Mäuseohren auf Filz aufzeichnen und ausschneiden. Aus dem Eierkarton die einzelnen Waben als »Eierbecher« ausschneiden.

Gestaltungsphase:
Den Eiern wird mit Filzstiften ein Gesicht gemalt, und die entsprechenden Ohren werden angeklebt. Der Wollfaden (für das Mäuschen) bzw. die gelbe Wattekugel (Hase) werden als Schwänzchen befestigt. Ei in den Eierbecher setzen.

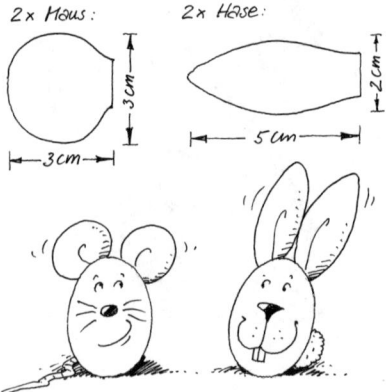

Hühnerküken ●●

Benötigtes Material pro Kind:
- Bastelunterlage
- Schere
- Bierdeckel
- grünes Buntpapier (10 × 10 cm)
- Kleber
- gelbe Wattekugel
- saubere Eierschalenhälfte
- Tonpapierreste in Schwarz und Orange

Sonstiges:
- Topf mit Wasser
- Locher

Vorbereitungen:
Leere Eierschalenhälften sammeln und in kochendem Wasser auskochen wegen der Salmonellengefahr.

Gestaltungsphase:
Der Bierdeckel wird mit grünem Buntpapier beklebt und der überstehende Rand abgeschnitten. Die Eierschalenhälfte auf den Bierdeckel kleben und darin die gelbe Wattekugel festkleben. Auf der gelben Wattekugel ein kleines Dreieck des roten Tonpapiers als Mund und zwei kleine runde Stücke (mit dem Locher knipsen) schwarzes Tonpapier als Augen festkleben.

Eierständer »Hasengesicht« ● ●

Benötigtes Material pro Kind:
- Bastelunterlage
- Kleber
- leere Toilettenpapierrolle
- gelbe Wattekugel
- 2 Büroklammern
- Filzstifte
- Schere
- brauner Tonkarton (5 × 2 cm)
- braunes Krepppapier (20 × 13 cm)

Sonstiges:
- scharfes Messer

Vorbereitungen:
Von der leeren Toilettenpapierrolle ein Drittel mit einem scharfen Messer abschneiden. Das braune Krepppapier und die Ohren aus dem braunen Tonkarton ausschneiden.

Gestaltungsphase:
Die Kinder verteilen den Kleber auf dem abgeschnittenen Stück Toilettenrolle, kleben das braune Krepppapier darauf. Der obere und untere Überstand wird nach innen umgeklappt. Ein Gesicht mit Barthaaren wird aufgemalt. Auf der Rückseite werden die beiden Ohren angeklebt und mit Büroklammern gesichert. Ein Teil der gelben Wattekugel wird zwischen den beiden Ohren am unterem Rand als Schwänzchen festgeklebt.

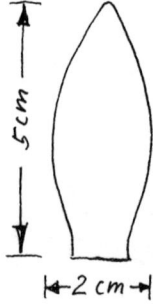

Eierständer »Wiese« ●●●

Benötigtes Material pro Kind:
- Bastelunterlage
- Schere
- grünes Krepppapier (10 × 8 cm)
- Kleber
- leere Toilettenpapierrolle

Sonstiges:
- scharfes Messer

Vorbereitungen:
Die leere Toilettenpapierrolle mit dem scharfen Messer in drei gleich große Ringe teilen.

Gestaltungsphase:
An einem Ring wird das Krepppapier außen herumgeklebt, sodass zu beiden Öffnungen hin Krepppapier übersteht. Auf der einen Seite wird das überstehende Papier nach innen umgefaltet und auf der anderen Seite nicht. Die Kinder schneiden nun das überstehende Krepppapier ein, sodass »Gras« entsteht.

Bemerkungen:
Wenn das »Gras« fertig ist, kann vielleicht ein mitgebrachtes gekochtes Ei bemalt (siehe »Eierköpfe«), beklebt und in das »Gras« gesetzt werden.

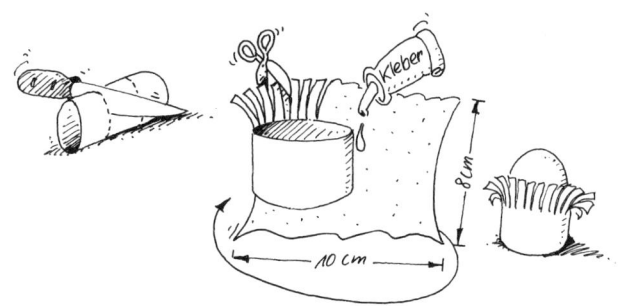

Osterkörbchen ●●●

Benötigtes Material pro Kind:
- Bastelunterlage
- Schere
- grünes Krepppapier (5 × 60 cm)
- Wachsmalstifte
- Kleber
- Käseschachtel
- grüner Tonkarton (40 × 3 cm)
- 2 Versandtaschen-Schnellverschlüsse

Sonstiges:
- Locher oder Lochzange
- Lineal
- Schere
- Bleistift

Vorbereitungen:
In die Käseschachtel an zwei gegenüberliegenden Stellen jeweils ein Loch knipsen. Den grünen Karton als Henkel zuschneiden und in jedes Ende ein Loch knipsen. Das grüne Krepppapier zuschneiden.

Gestaltungsphase:
Ein Versandtaschen-Schnellverschluss wird von außen durch ein Loch der Käseschachtel und durch ein Loch des Henkelstreifens geführt und befestigt; auf der anderen Seite wiederholen. Nun wird das grüne Krepppapier an den Rand der Käseschachtel geklebt und als »Gras« eingeschnitten. Wer möchte, kann noch die Innenseite des Körbchen anmalen.

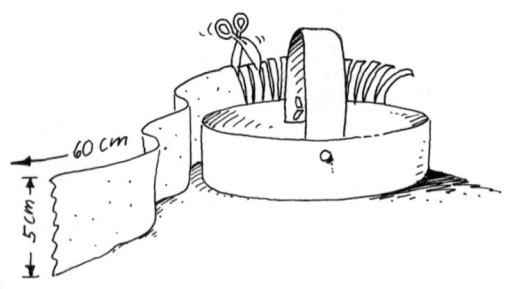

Steine bemalen ●

Benötigtes Material pro Kind:
- ☐ Bastelunterlage
- ☐ Kieselstein
- ☐ Pinsel
- ☐ Malkittel
- ☐ Wasserfarben
- ☐ Wasserbehälter

Vorbereitungen:
Die Kieselsteine werden sauber gewaschen und getrocknet.

Gestaltungsphase:
a) Die Kinder malen ihren Kieselstein rundherum an und lassen ihn trocknen. Danach können sie ihn mit Punkten und Strichen verzieren.
b) Die Kinder können ihren Kieselstein kunterbunt anmalen und dann trocknen lassen.

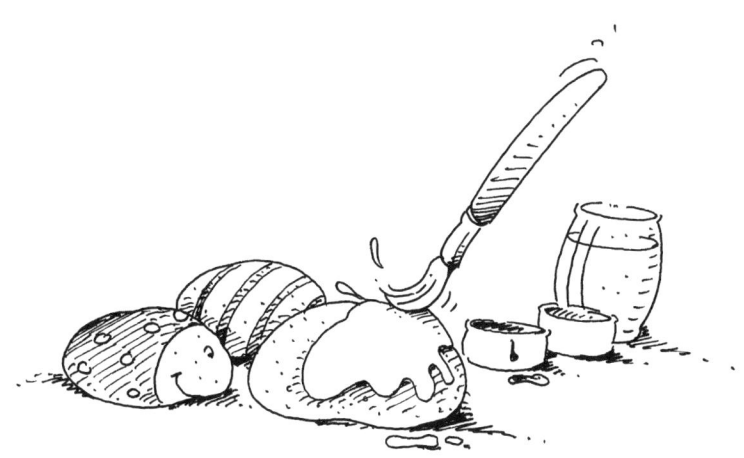

Segelboot

Benötigtes Material pro Kind:
- ☐ Bastelunterlage
- ☐ Zahnstocher
- ☐ Tonpapier (ca. 5 × 4 cm)
- ☐ Walnusshälfte
- ☐ Knet oder Salzteig

Sonstiges:
- ☐ Bleistift
- ☐ Lochzange
- ☐ Schere

Vorbereitungen:
Das Segel aufmalen und dann ausschneiden. An der Segelspitze und am unteren Rand in der Mitte mit der Lochzange (kleinste Größe) ein Loch knipsen.

Gestaltungsphase:
Die Kinder können das Segel auf beiden Seiten anmalen und dann den Zahnstocher als Mast in die beiden Löcher einschieben. Den Knet oder den Salzteig in die Walnusshälfte drücken und das Segel einsetzen. Den Knet trocknen lassen.

Vogelnest ●●

Benötigtes Material pro Kind:
- Bastelunterlage
- Kiefernzapfen
- Stück Baumrinde
- kleine Muscheln (eventuell)
- Kleber
- etwas Moos
- Federn
- Eicheln

Vorbereitungen:
Rinde, Kiefernzapfen und Moos sammeln, die Federn eventuell kaufen.

Gestaltungsphase:
Die Kinder bekleben den Kiefernzapfen mit Federn und eventuell einer Eichel als Kopf. Danach wird auf der Baumrinde das Moos festgeklebt und dann der geschmückte Kiefernzapfen. Eventuell werden noch ein oder zwei Muscheln als »Vogeleier« im Nest festgeklebt.

Sonnenbrille ●●

Benötigtes Material pro Kind:
- Bastelunterlage
- Kleber
- Gummikordel (ca. 20 cm)
- Nadel
- Malstifte
- Tonkarton (12 × 5 cm)
- Transparentpapier (10 × 4 cm)

Sonstiges:
- Bleistift
- Schere

Vorbereitungen:
Die Brille auf den Karton und die Augengläser auf das Transparentpapier aufzeichnen und ausschneiden.

Gestaltungsphase:
Die Kinder bemalen die Sonnenbrille. Auf Wunsch der Kinder werden anschließend die Brillengläser eingeklebt. Mit der Nadel wird die Gummikordel aufgefädelt und am rechten und linken oberen Rand durchgezogen und verknotet.

Bemerkungen:
Einige Kinder mögen es nicht, etwas so dicht vor den Augen zu haben.

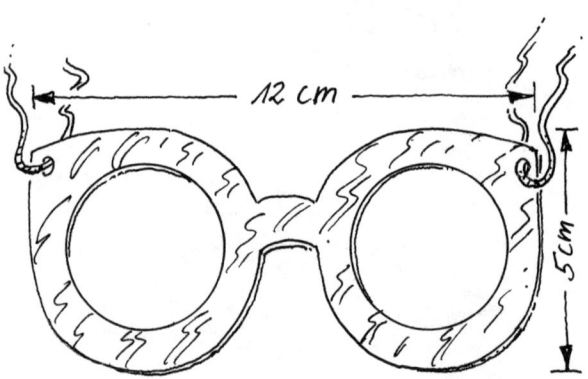

Sonnenschild ●●

Benötigtes Material pro Kind:
- Bastelunterlage
- Kleber
- Gebrauchskarton (20 × 12 cm)
- Gummikordel (ca. 20 cm)
- Malstifte
- Schere
- Tonpapierschnipsel
- Nadel

Sonstiges:
- Bleistift
- Schere

Vorbereitungen:
Die Sonnenschildform auf den Tonkarton aufzeichnen und ausschneiden.

Gestaltungsphase:
Die Kinder bemalen oder bekleben das Sonnenschild mit abgeschnittenen Tonpapierschnipseln. Die Mütter fädeln die Gummikordel auf, stechen an den Seiten durch den Karton und verknoten die Enden.

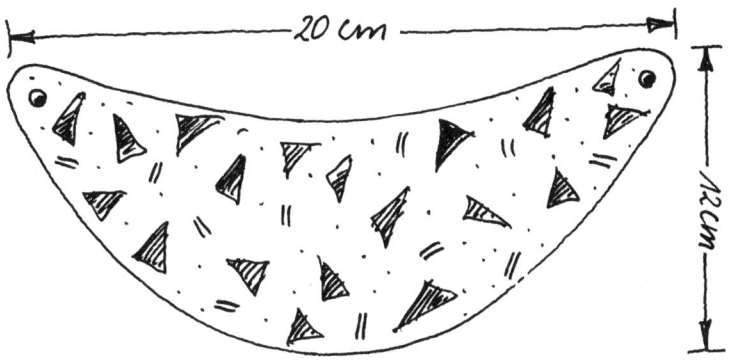

Urlaub am Meer ● ●

Benötigtes Material pro Kind:
- ☐ Bastelunterlage
- ☐ weißes Papier
- ☐ dicker Pinsel
- ☐ Malkittel
- ☐ Wachsmalstifte
- ☐ blaue Wasserfarben
- ☐ Wasserbehälter

Sonstiges:
- ☐ Bleistift

Vorbereitungen:
Die Umrisse einfacher Fische und Wasserpflanzen auf dem weißen Papier vormalen.

Gestaltungsphase:
Die Kinder malen die Fische und Wasserpflanzen mit Wachsmalkreide aus. Danach wird das Wasser mit blauer Wasserfarbe gemalt.

Meerbild

Benötigtes Material pro Kind:
- ☐ große Bastelunterlage Zeitungspapier
- ☐ Wachsmalstifte
- ☐ dicker Pinsel
- ☐ Malkittel
- ☐ Muscheln
- ☐ großes weißes Papier (z.B. Rückseite einer Tapete)
- ☐ Wasserfarbe
- ☐ Wasserbehälter
- ☐ trockener Sand

Sonstiges:
- ☐ Tapetenkleister

Vorbereitungen:
Auf dem großen, weißen Papier wird im unteren Drittel ein brauner Strich gezogen, der für den Meeresboden steht. Mit den entsprechenden Wachsmalstiften werden die Umrisse von verschieden großen Fischen und Wasserpflanzen aufgemalt.

Gestaltungsphase:
Die Bastelunterlage wird großzügig ausgebreitet und das vorbereitete weiße Papier daraufgelegt. Die Kinder malen mit den Wachsmalstiften die Fische und die Pflanzen und danach mit den Wasserfarben die Fläche oberhalb des braunen Striches aus. Wenn die Wasserfarben getrocknet sind, wird der Tapetenkleister entweder mit den Fingern oder mit dem Pinsel auf die Fläche unterhalb des braunen Striches aufgetragen und mit Sand bestreut. Ist der Kleber getrocknet, wird der überschüssige Sand abgeschüttelt, und die Muscheln werden aufgeklebt.

Bemerkungen:
Bastelarbeit ähnlich wie »Urlaub am Meer« (S. 80).

Windrad

Benötigtes Material pro Kind:
- Bastelunterlage
- weißes Tonpapier (15 × 15 cm)
- Reißnagel
- Malstifte
- Ast
- Lineal
- Schere

Sonstiges:
- Bleistift
- Lineal

Vorbereitungen:
Das quadratische Stück Papier von Ecke zu Ecke falten, sodass der Mittelpunkt erkennbar wird. Vom Mittelpunkt aus auf den Faltlinien einen Abstand von 2 cm markieren.

Gestaltungsphase:
Die Kinder malen das Quadrat auf beiden Seiten an. Danach schneiden die Mütter die Faltlinien bis zur Markierung ein und biegen jeweils die rechte Ecke der Teile zur Mitte. Mit dem Reißnagel werden die Spitzen durchbohrt und das Ganze wird im Astende fixiert.

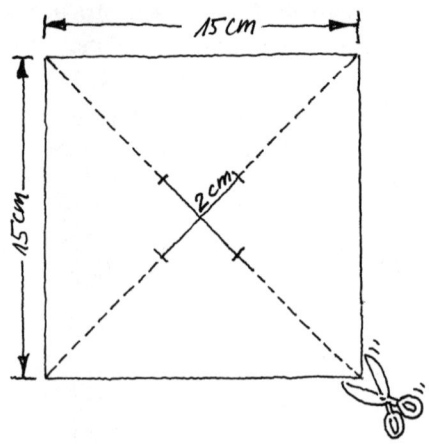

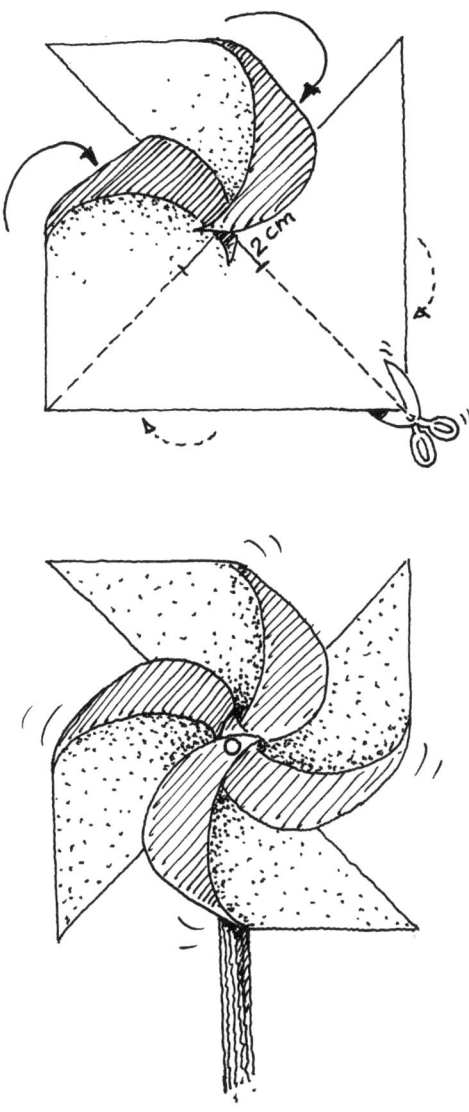

Beweglicher Igel

Benötigtes Material pro Kind:
- Bastelunterlage
- Gebrauchskarton (10 × 15 cm)
- Versandtaschen-Schnellverschluss
- Wachsmalstifte
- Gebrauchskarton (Kreis 9 cm)

Sonstiges:
- Bleistift
- Lochzange
- Schere

Vorbereitungen:
Aus dem Gebrauchskarton den Igel und aus dem Kreis die Beine ausschneiden.

Gestaltungsphase:
Die Kinder malen den Igel an: Er bekommt ein Auge, eine Nase und einen Mund. Anschließend wird in den Igel und in die Mitte der Beinscheibe ein Loch geknipst, sodass bei Beendigung ca. 2 cm davon sichtbar sind. Der Versandtaschen-Schnellverschluss wird durchgeschoben und fixiert.

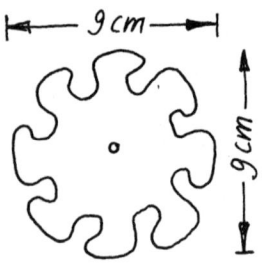

Bild »Herbstbaum«

Benötigtes Material pro Kind:
- Bastelunterlage
- Malstifte
- Kleber
- weißer Tonkarton DIN A4

Sonstiges:
- brauner Wachsmalstift

Vorbereitungen:
Den Baum mit einem braunen Wachsmalstift vorzeichnen. Die Blätter auf den weißen Tonkarton aufzeichnen und ausschneiden.

Gestaltungsphase:
Die Kinder malen die Blätter aus und kleben sie auf die Baumkrone und einzelne heruntergefallene Blätter auf den Boden.

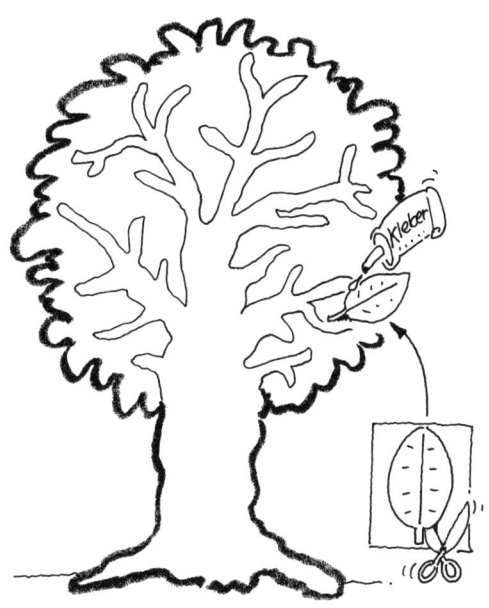

Igel ●●

Benötigtes Material pro Kind:
- Bastelunterlage
- Kleber
- Gebrauchskarton (20 × 15 cm)
- Wachsmalstifte
- Kleber
- Behälter für die abgeschnittenen Teile des Kiefernzapfens

Sonstiges:
- Bleistift
- Seitenschneider
- Schere

Vorbereitungen:
Aus dem Gebrauchskarton den Igel ausschneiden und mit dem Seitenschneider die abstehenden Teile des Kiefernzapfens abschneiden.

Gestaltungsphase:
Die Kinder malen den Igel an: Er bekommt ein Auge, eine Nase und einen Mund. Anschließend kleben die Kinder die Kiefernzapfenteile als Stacheln auf den Igel.

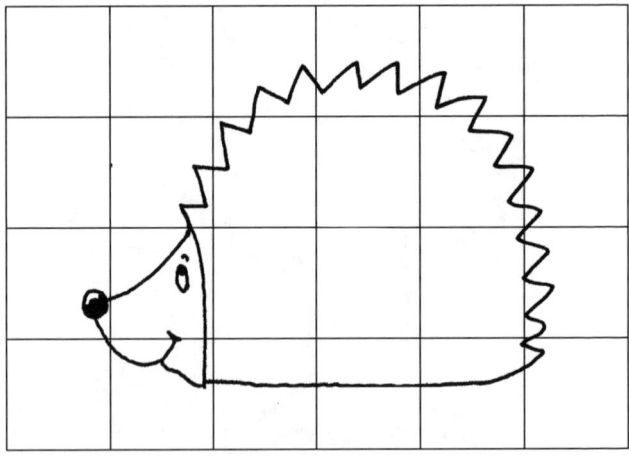

Erdnussmaus ● ●

Benötigtes Material pro Kind:
- ☐ Bastelunterlage
- ☐ Filzstift
- ☐ Filzreste (2 × 2 cm)
- ☐ Kleber
- ☐ Wollfaden (ca. 10 cm)
- ☐ Erdnuss

Sonstiges:
- ☐ Schere
- ☐ Bleistift

Vorbereitungen:
Die beiden Ohren aus den Filzresten ausschneiden.

Gestaltungsphase:
Die Kinder malen der Maus ein Gesicht, kleben den Schwanz und die Ohren an die Erdnuss.

Erdnussschnecke ●●

Benötigtes Material pro Kind:
- ☐ Bastelunterlage
- ☐ schwarzer Filzstift
- ☐ 2 Streichhölzer
- ☐ Kleber
- ☐ große Erdnuss
- ☐ Walnusshälfte

Sonstiges:
- ☐ scharfes Messer
- ☐ spitze Schere

Vorbereitungen:
Die Streichhölzer werden abgebrannt und um ein Drittel gekürzt. Mit der spitzen Schere werden zwei kleine Löcher für die Fühler in die Erdnuss gebohrt.

Gestaltungsphase:
Die Walnusshälfte wird auf die Erdnuss geklebt. Die Streichhölzer werden vorsichtig in die zwei vorhandenen Löcher gesteckt. Mit dem schwarzen Filzstift werden die Augen und der Mund aufgemalt.

Halskette aus Kastanien ●●

Benötigtes Material pro Kind:
- Bastelunterlage
- 3 Trinkhalme
- Gummikordel (ca. 60 cm)
- 10 Kastanien
- Schere
- Stopfnadel

Sonstiges:
- Handbohrer oder Bohrmaschine mit Bohrständer

Vorbereitungen:
Die Kastanien mit einem Handbohrer oder einer Bohrmaschine im Ständer durchbohren.

Gestaltungsphase:
Die Kinder schneiden die Trinkhalme in kleine Stücke. Danach fädeln sie abwechselnd oder nach Belieben die Kastanien und die Trinkhalmstücke auf. Der erste aufgefädelte Teil wird verknotet, dabei aber ein gutes Stück überstehen lassen, damit man zum Schluss die Enden damit verknoten kann.

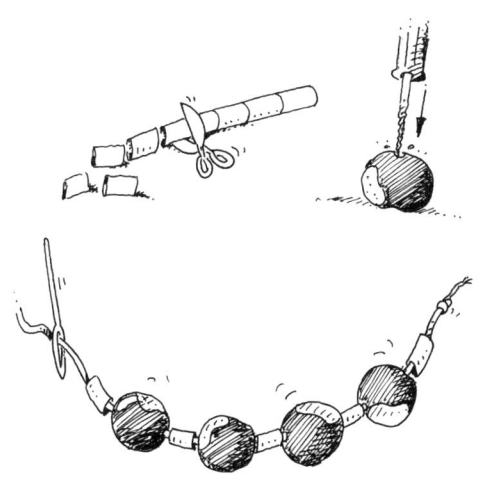

Herbstbaum ● ●

Benötigtes Material pro Kind:
- ☐ Bastelunterlage
- ☐ Malstifte
- ☐ gepresste Blätter
- ☐ Kleber
- ☐ Tapete (ca. DIN A3)

Sonstiges:
- ☐ brauner Wachsmalstift
- ☐ Klebeband

Vorbereitungen:
Herbstblätter müssen getrocknet werden. Das Papier in der Mitte falten, die Krone des Baumes liegt darüber und der Stamm unter der gefalteten Linie. So können sich die Kinder besser orientieren. Die Konturen des Baumes mit braunem Wachsmalstift vorzeichnen.

Gestaltungsphase:
Das Bild wird am besten an die Tür oder an eine andere Stelle geklebt, die vom Klebeband nicht beschädigt wird und von allen Kindern erreicht werden kann. Alle Kinder helfen nun zusammen, um den Baum schön zu gestalten. Die Krone des Baumes wird mit Blättern geklebt. An den Wurzeln werden einzelne, heruntergefallene Blätter befestigt. Wenn die Kinder möchten, können sie noch rote Äpfel oder gelbe Birnen an die Baumäste hängen. Am Wurzelwerk des Baumes können grüne Striche als Wiese gemalt werden.

Mobile ••

Benötigtes Material pro Kind:
- Bastelunterlage
- Stopfnadel
- Strohhalme, natur oder bunt
- Schere
- Faden
- Holzperlen, natur oder bunt

Vorbereitungen:
keine

Gestaltungsphase:
Der Faden (ca. 60 cm) wird eingefädelt, und an einem Ende wird eine Holzperle mit dem Faden gut verknüpft. Nun wird abwechselnd ein Strohhalm, eine Holzperle, ein Strohhalm usw. aufgefädelt. An der letzten Perle wird der Faden wieder gut verknotet.

Bemerkungen:
Das Mobile sollte über einen Heizkörper aufgehängt werden, da heiße Luft aufsteigt und Luftbewegungen erzeugt, sodass sich das Mobile bewegt.

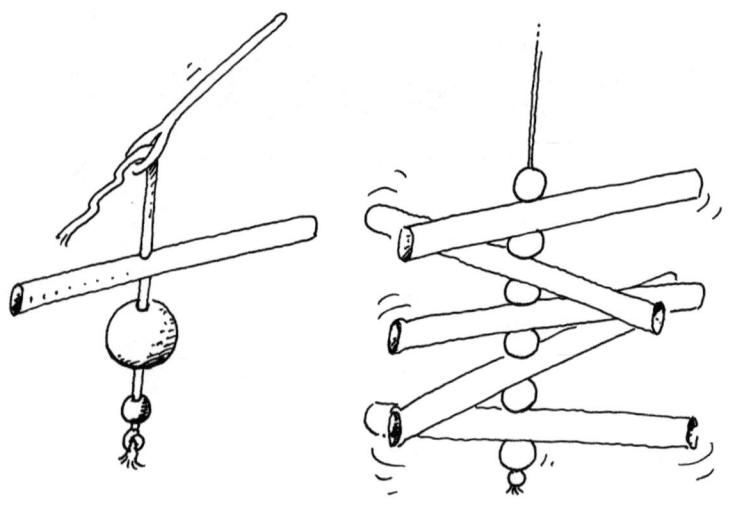

Drachen   ●●●

Benötigtes Material pro Kind:
- Bastelunterlage
- Kleber
- Krepppapier (1 cm × 20–40 cm)
- Malstifte
- Tonpapier (30 × 30 cm)
- Schnur (60 cm)

Sonstiges:
- Locher
- Hefter

Vorbereitungen:
keine

Gestaltungsphase:
Das Tonpapier diagonal falten und anschließend die beiden anderen Ecken aufeinanderlegen. Nachdem die Mitte des Papiers gefunden wurde, werden alle Ecken zum Mittelpunkt gefaltet und dort festgeklebt. Die Kinder malen den Drachen an, danach wird in eine Ecke ein Loch geknipst und die Schnur befestigt. An das gegenüberliegende Ende werden die langen Kreppbänder als Schwanz festgetackert, an die beiden Seitenecken können kurze Kreppbänder (ca. 10 cm) festgetackert werden.

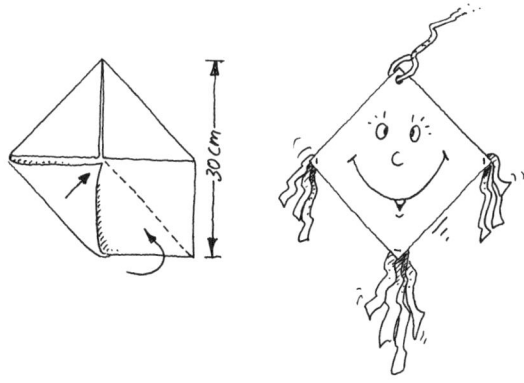

Käseschachtel-Laterne ●

Benötigtes Material pro Kind:
- Bastelunterlage
- Kleber
- Käseschachtel mit Deckel oder eine mit einem Streifen Karton (2 × 60 cm)
- getrocknete Blätter, Transparentpapier usw.
- Malstifte
- Teelicht
- Blumendraht (ca. 10 cm)
- Blumendraht (ca. 40 cm)
- Pergamentpapier

Sonstiges:
- 1 Maßband
- 1 langes Lineal
- Locher oder Lochzange
- 1 Bleistift
- spitze Schere
- Drahtzange

Vorbereitungen:
Das Pergamentpapier entsprechend dem Umfang der Käseschachtel zuschneiden. Wenn die Käseschachtel keinen Deckelrand hat, muss ein 2 cm breiter Streifen Karton zugeschnitten werden. Die Kerze des Teelichtes herausnehmen und in den Boden der Aluhülle mit der Scherenspitze zwei Löcher bohren. Im gleichen Abstand werden zwei Löcher in den Boden der Käseschachtel gemacht. Der Draht wird auf 10 cm abgeknipst.

Gestaltungsphase:
Die Kinder malen das Pergamentpapier an bzw. bekleben es mit getrockneten Blättern und/oder Transparentpapierschnipseln. Dann wird der Rand des Käseschachtelbodens mit Kleber eingestrichen und das Pergamentpapier daran festgedrückt. Die Längsseiten werden auch entsprechend zusammengeklebt. Nun steht eine Röhre vor uns. Am oberen Pergamentpapierrand wird der Deckelrand der Käseschachtel bzw. der 2 cm breite Kartonstreifen festgeklebt. Die Kerze des Teelichtes wird herausgenommen, der Draht wird zu einem Hufeisen gebogen und von innen durch die Löcher in der Aluhülle geschoben. Als nächstes werden die Drahtenden durch die Löcher im Boden der Käseschachtel geführt und miteinander verdreht und flach an den Boden gedrückt. Mit dem Locher oder der

Laternenfest 95

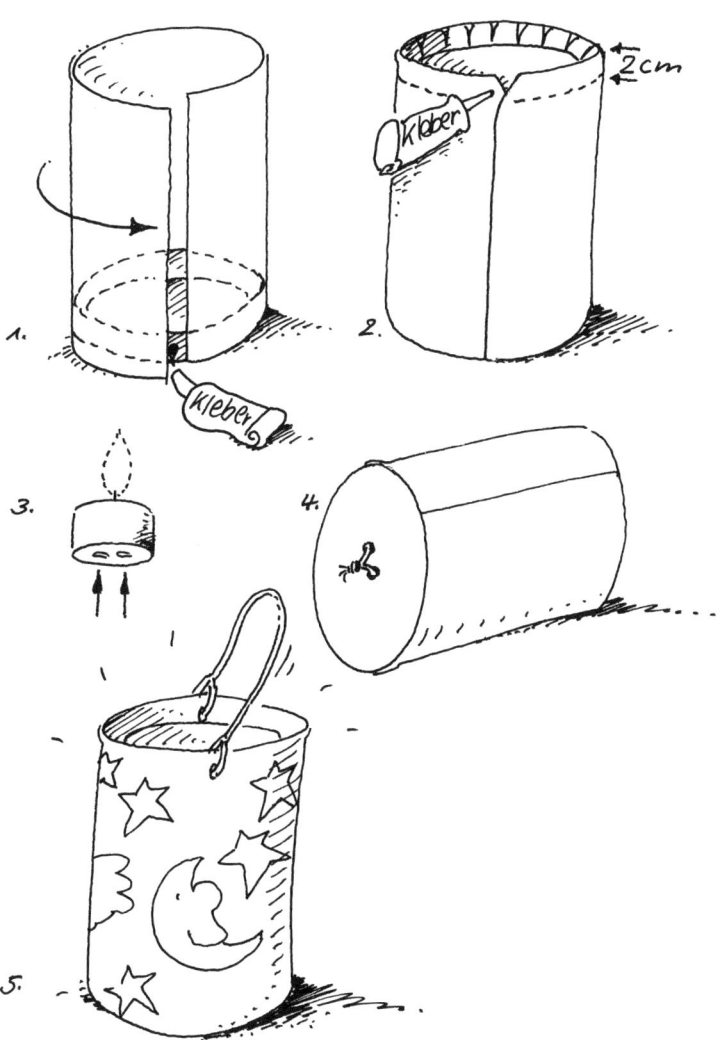

Lochzange werden am oberen Rand der Laterne an zwei gegenüberliegenden Punkten Löcher geknipst, damit der Draht für den Henkel befestigt werden kann.

Bemerkungen:
Die Kinder können auch mit Wachsmalkreide das Pergamentpapier bemalen. Danach wird das Papier zur Hälfte gefaltet, sodass die bemalten Seite aufeinanderliegen. Die Farben werden mit einem Bügeleisen (Unterlage) zum Schmelzen gebracht. Die zerlaufenen Wachsfarben ergeben ein sehr schönes Muster. Die Kinder in diesem Alter sind nicht in der Lage, lange mit einer Laterne an einer Stange zu gehen. Unsere Konstruktion kommt den Möglichkeiten der Kinder sehr entgegen, da sie hier beim Tragen den Arm hängenlassen können.

Luftballon-Laterne

Benötigtes Material pro Kind:
- Bastelunterlage
- Schere
- Teelicht
- Blumendraht
- Versandtaschen-Schnellverschluss
- Luftballon
- breiter Pinsel
- Tonpapierstreifen (60 × 2 cm)
- verschiedenfarbige Reste Seiden- oder Transparentpapier

Sonstiges:
- Lochzange
- Wasser
- Rührlöffel
- Schüssel zum Anrühren
- Behälter mit Deckel für den Kleber
- Messbecher
- Tapetenkleister

Vorbereitungen:
Den Tapetenkleister anrühren.

Gestaltungsphase:
1. Der Luftballon wird aufgeblasen und das Ende verknotet.
2. Sind keine Reste des verschiedenfarbigen Transparent- oder Seidenpapiers vorhanden, dann müssen diese erst gerissen oder zugeschnitten werden.
3. Mit dem Pinsel wird der dickflüssige Tapetenkleister gleichmäßig auf eine kleine Fläche des Luftballons aufgetragen, und die Papierreste werden daraufgeklebt (Abb. 1, S. 98).
4. Wenn der ganze Luftballon mit einer Papierschicht überzogen ist, wird erneut eingekleistert und eine neue Schicht Papier daraufgeklebt.
5. Nach drei, vier Schichten wird der Luftballon zum Trocknen aufgehängt.
6. Wenn der Luftballon vollständig trocken und erstarrt ist, dann wird in die obere Hälfte ein kreisrundes Loch geschnitten und der Luftballon herausgeholt (Abb. 2).

Laternenfest

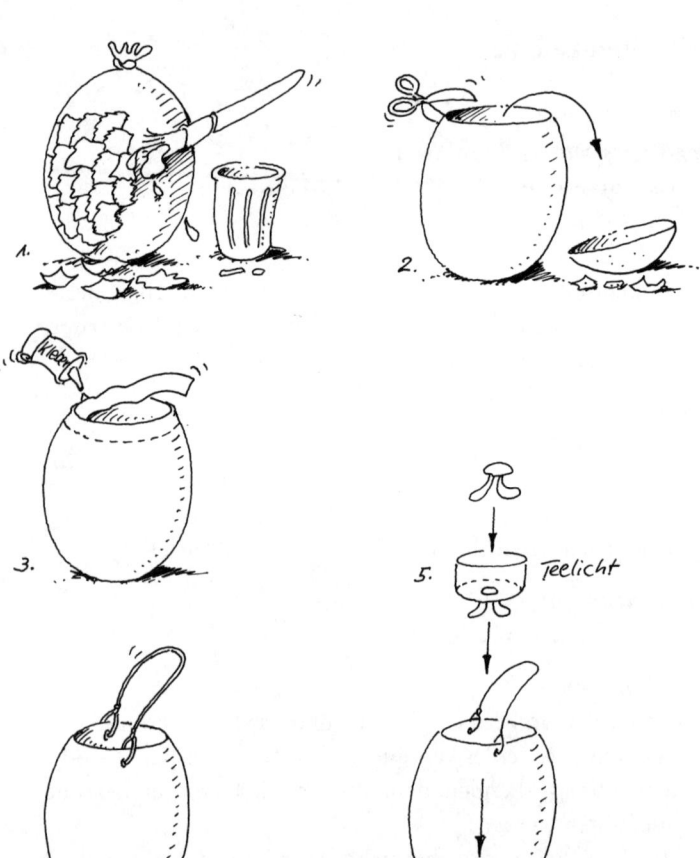

7. Am Schneiderand wird der Papierstreifen eingeklebt, an zwei gegenüberliegenden Stellen wird ein Loch geknipst und mit dem Blumendraht ein Henkel gebildet (Abb. 3, 4).
8. Das Teelicht wird aus seiner Hülle genommen. In den Boden der Teelichthülle und der Laterne wird mit der spitzen Schere ein Loch gebohrt. Der Versandtaschen-Schnellverschluss wird hier durchgeschoben und an der Außenseite auseinandergebogen (Abb. 5).

Bemerkungen:
Die Laterne muss in mindestens zwei Arbeitsgängen hergestellt werden. Sie kann ebenfalls ermüdungsfrei am Henkel getragen werden.

Milchtüten-Laterne ●●●

Benötigtes Material pro Kind:
- Bastelunterlage
- Kinderschere
- verschiedenartiges Transparentpapier
- ein Teelicht
- Kleber
- Milchkarton
- Blumendraht (ca. 6 cm)
- Schnur (ca. 40 cm)

Sonstiges:
- spitze Schere
- Seitenschneider

Vorbereitungen:
An der Milchtüte wird im unteren Bereich einer breiten Seite eine Tür zum Aufklappen geschnitten. Aus allen vier Seiten werden nun Kreise, Dreiecke, Vierecke, Monde, Sterne usw. herausgeschnitten. An den beiden oberen Ecken werden kurze Stücke abgeschnitten. Die Kerze des Teelichtes wird herausgenommen, und mit einer spitzen Schere werden zwei Löcher in den Boden gebohrt. Mit dem gleichen Abstand werden zwei Löcher in den Boden der Milchtüte gemacht.

Gestaltungsphase:
Die Mütter legen das Transparentpapier auf die Öffnung und malen mit einem Stift an, wie groß das Papier sein muss. Entweder schneiden es die Kinder aus oder die Mütter. Die Kinder können am Rand des Fensters entlang den Kleber anbringen und dann von außen auf das entsprechende Loch kleben. Sind alle Öffnungen mit Transparentpapier verkleidet, dann wird der Draht in der Mitte gebogen, und die beiden Enden werden durch die Löcher der Teelichthülle und durch die Löcher des Milchkartonbodens geführt. An der Außenseite des Bodens werden sie miteinander verschlungen, und die Kerze wird in das Teelicht wieder eingesetzt. Die Schnur wird in eine abgeschnittene obere Ecke eingeführt und kommt zur anderen wieder heraus. Danach werden die beiden losen Enden miteinander verknotet, und der Haltegriff ist fertig.

Bemerkungen:

Beim Tragen der Laterne hängt der Arm der Kinder locker nach unten, sodass sie nicht so schnell ermüden. Beim Laternenumzug leuchtet die Milchtüten-Laterne sehr schön, und das überstehende Transparentpapier ist in der Dunkelheit überhaupt nicht zu sehen. Außerdem ist das Licht der Laterne gut geschützt gegen Wind und Regen.

Walnussstern

Benötigtes Material pro Kind:
- ☐ Bastelunterlage
- ☐ Malstifte
- ☐ Kleber
- ☐ Faden
- ☐ Gebrauchskarton (ca. 10 × 10 cm)
- ☐ 2 Walnusshälften
- ☐ Nadel

Sonstiges:
- ☐ Schere

Vorbereitungen:
Aus dem Gebrauchskarton einen Stern ausschneiden.

Gestaltungsphase:
Die Kinder bemalen den Stern auf beiden Seiten. Zum Schluss wird in der Mitte jeder Seite eine Walnusshälfte festgeklebt. Die Aufhängung für den Stern nicht vergessen.

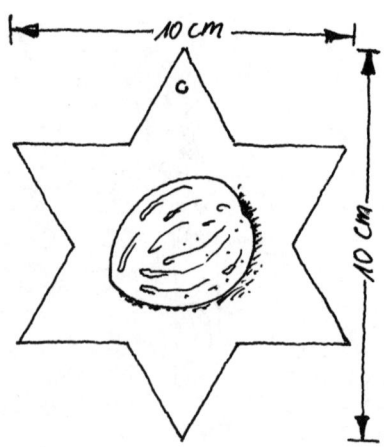

Weihnachtsstern ●●

Benötigtes Material pro Kind:
- Bastelunterlage
- Gebrauchskarton (15 × 15 cm)
- Faden
- Kleber
- verschiedenfarbiges Glanzpapier
- Nadel

Sonstiges:
- Schere

Vorbereitungen:
Aus dem Gebrauchskarton einen Stern ausschneiden.

Gestaltungsphase:
Die Kinder reißen das Glanzpapier in kleine Stücke und kleben es auf beiden Seiten des Sternes auf. Zum Schluss die Aufhängung anbringen.

Bemerkungen:
Der Stern sieht auch schön aus, wenn er nur bemalt wird.

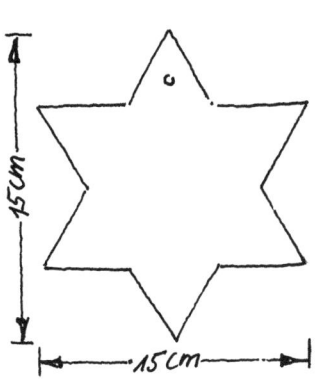

Schneemann ●●

Benötigtes Material pro Kind:
- Bastelunterlage
- Schere (eventuell)
- schwarzes Tonpapier (ca. DIN A4)
- Kleber
- weißer Malstift
- weißes Papier

Sonstiges:
- weißer Bleistift
- Schere

Vorbereitungen:
Auf das schwarze Tonpapier die Umrisse eines Schneemanns mit Hut auf dem Kopf und Besen in der Hand aufmalen.

Gestaltungsphase:
Die Kinder reißen oder schneiden weiße Papierschnipsel ab und kleben diese auf den aufgemalten Schneemann.

Bemerkungen:
Der Schneemann kann auch nur mit weißer Wachsmalkreide ausgemalt werden.

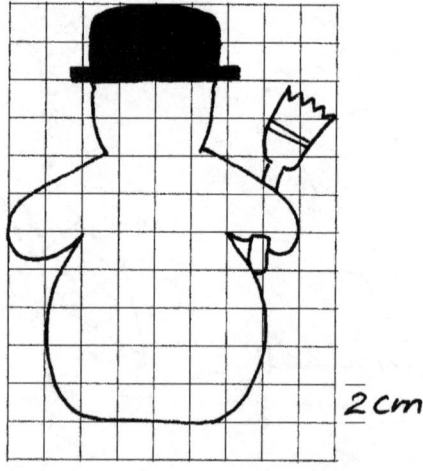

2 cm

Schneeflocken-Wolke ●●

Benötigtes Material pro Kind:
- Bastelunterlage
- blauer Tonkarton
  (ca. 20 × 30 cm)
- weißer Faden
- weiße Wattebällchen
- Stopfnadel

Sonstiges:
- Bleistift
- Schere

Vorbereitungen:
Auf den blauen Tonkarton eine Wolke aufmalen und ausschneiden.

Gestaltungsphase:
Die Kinder fädeln die Wattebällchen auf eine Schnur, wobei das erste mit dem Faden verknotet wird. Das andere Ende wird an der Wolke befestigt. An der oberen Kante der Wolke wird ein Faden als Aufhängung angebracht.

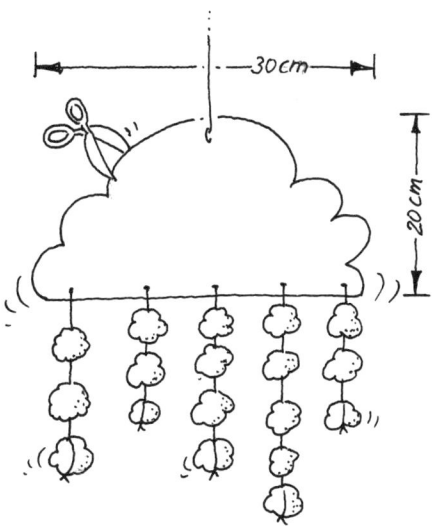

Tannenbaum ● ●

Benötigtes Material pro Kind:
- Bastelunterlage
- grünes Tonpapier (DIN A4)
- Kleber
- weiße Wattebällchen

Vorbereitungen:
Auf das grüne Tonpapier einen Tannenbaum aufmalen.

Gestaltungsphase:
Die Kinder zerkleinern die weißen Wattebällchen und kleben sie als Schnee auf den Tannenbaum.

Bemerkungen:
Der Tannenbaum sieht auch schön aus, wenn er mit weißer und gelber Wachsmalkreide bemalt wird.

Weihnachtskarten ●●

Benötigtes Material pro Kind:
- Bastelunterlage
- Kuvert
- Kleber
- Doppelkarten aus Tonpapier (10,4 × 15,5 cm)
- verschiedenfarbiges Glanzpapier

Sonstiges:
- Bleistift

Vorbereitungen:
Auf die Vorderseite der Doppelkarte wird der Umriss eines Tannenbaumes, einer Glocke, Glaskugel usw. aufgemalt.

Gestaltungsphase:
Die Kinder reißen das Glanzpapier in kleine Stücke und füllen die Umrisse mit den Papierschnipseln aus.

Bemerkungen:
Die Bilder können auch nur ausgemalt werden.

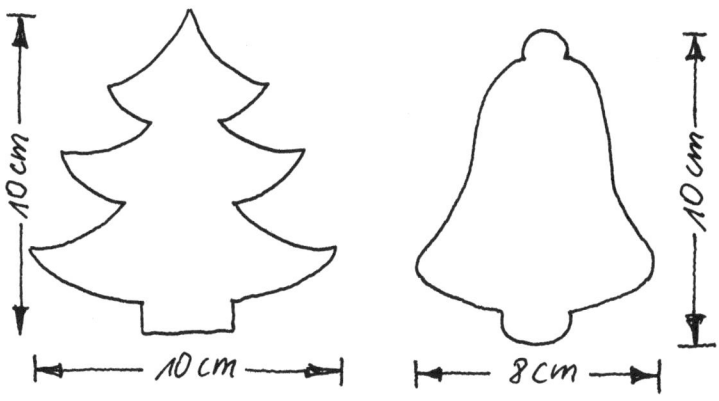

Weihnachtsbaum-Anhänger ●●

Benötigtes Material pro Kind:
- ☐ Bastelunterlage
- ☐ Wasserbehälter
- ☐ Nudelholz oder kleine Glasflasche mit geradem, glattem Rand
- ☐ Zahnstocher
- ☐ Pinsel

Sonstiges:
- ☐ wasserlöslicher Klarlack
- ☐ Wollfaden
- ☐ Formen zum Plätzchen ausstechen
- ☐ Lebensmittelfarben
- ☐ Pinsel
- ☐ Stopfnadel
- ☐ Plakatfarben
- ☐ Salzteig
  (Rezept siehe Kneten, S. 130)

Vorbereitungen:
Den Salzteig herstellen, eventuell mit Lebensmittelfarben einfärben.

Gestaltungsphase:
Die Kinder erhalten einen Klumpen, den sie mit der kleinen Glasflasche selbst ausrollen. Mit den Plätzchenformen können sie Ausstecher herstellen, und mit dem Zahnstocher wird ein kleines Loch für den Anhänger durchgestochen.
Die Anhänger müssen mehrere Tage zum Trocknen liegenbleiben und währenddessen ein paar Mal gewendet werden.
Die Anhängervorrichtungen werden angebracht.
Mit einem wasserlöslichen Klarlack wird der Anhänger vor Feuchtigkeitseinzug geschützt, und gleichzeitig werden die Farben besser zur Geltung gebracht.

Advent und Weihnachten 109

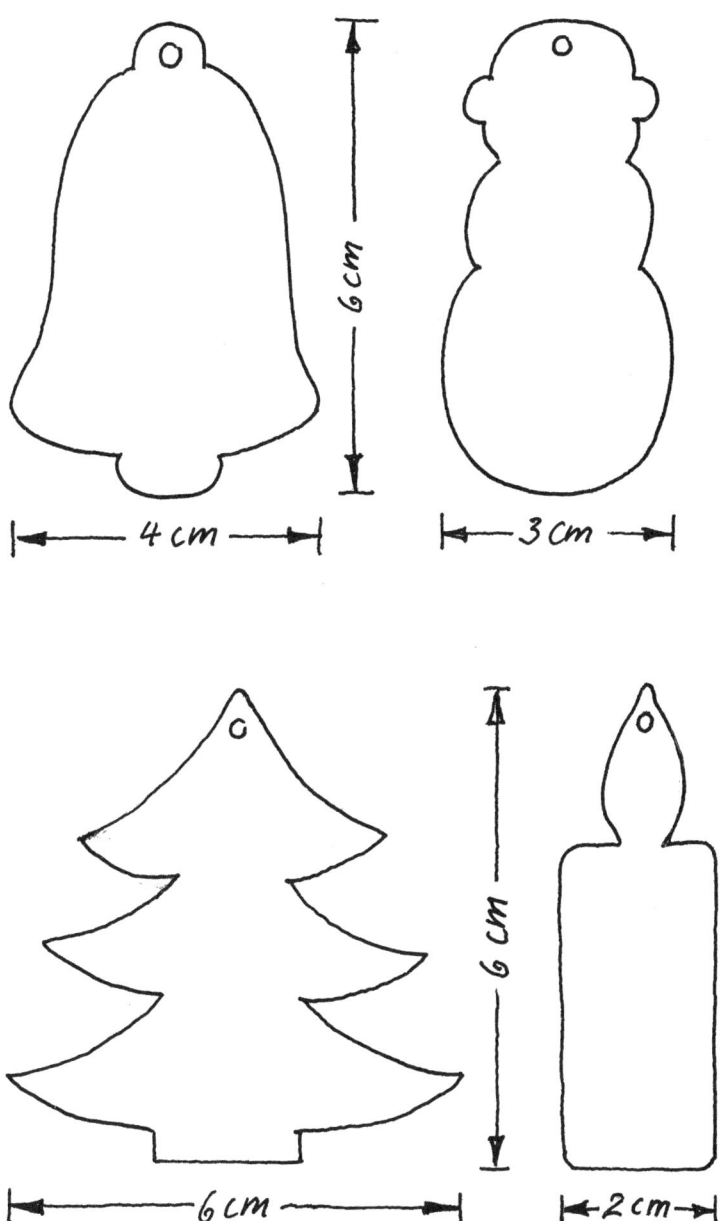

Weihnachts-Lampion

Benötigtes Material pro Kind:
- Bastelunterlage
- Kleber
- Teelicht
- Schere
- Goldfolie (20 × 14 cm)
- 2 Büroklammern

Sonstiges:
- Schere
- Bleistift
- langes Lineal

Vorbereitungen:
Die Goldfolie so falten, dass sie zwar noch 20 cm lang, aber nur noch 7 cm breit ist. Mit dem Fingernagel wird von der offenen Seite her eine ca. 3 cm breite Linie parallel zur langen Seite gezogen.

Gestaltungsphase:
Die Kinder schneiden gleich breite Streifen in die Folie, wobei darauf zu achten ist, dass dies von der gefalteten Seite her geschieht. Wenn alles eingeschnitten ist, wird die Folie auseinandergefaltet, und die schmalen Seiten werden aufeinandergeklebt und mit Büroklammern fixiert. Dann wird der Lampion über das Teelicht gestellt und zusammengedrückt, damit die Streifen etwas auseinander stehen und Licht hindurchfallen kann.

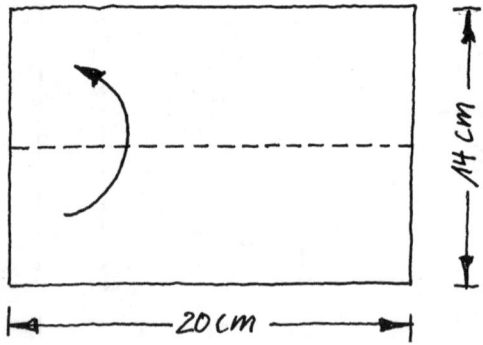

Advent und Weihnachten 111

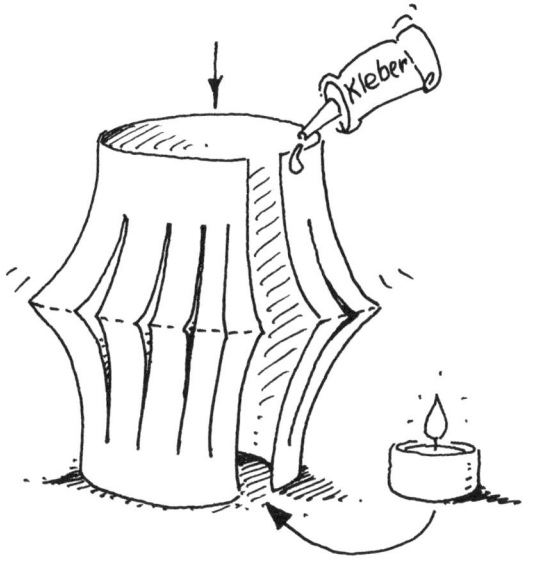

Dreieckshut ●

Benötigtes Material pro Kind:
- Bastelunterlage
- Klebeband
- 4–6 Krepppapierstreifen
- Malstifte
- 2 Doppelseiten Zeitungspapier

Sonstiges:
- Schere
- Lineal
- Hefter

Vorbereitungen:
Krepppapier in ca. 2 bis 3 cm breite und in 40 bis 60 cm lange Streifen schneiden.

Gestaltungsphase:
Beim Falten des Zeitungspapiers können die Kinder mithelfen.
1. Die beiden Doppelseiten des Zeitungspapiers werden aufeinandergelegt und in der Mitte gefaltet, sodass man eine normal große Seite einer Zeitung vor sich liegen hat. Danach wird die Zeitungsseite noch einmal in der Mitte gefaltet, sodass entweder die obere oder die untere Hälfte der Zeitungsseite zu sehen ist.
2. Die Zeitung wird quergelegt, sodass der geschlossene Teil oben liegt. Jetzt werden die rechte und linke obere Ecke zur Mitte der Zeitung geführt, sodass zwei gleich große Dreiecke entstehen.
3. Die Hälfte des unteren Randes wird nach oben umgefaltet, die gesamte Zeitung wird umgedreht und wieder in gleicher Position hingelegt. Daraufhin wird die andere Hälfte des unteren Randes umgeschlagen und gefaltet.
4. Rechts und links stehen nun die Ecken über das große Dreieck, das gefaltet wurde. Die Ecken werden jeweils auf die andere Seite umgeknickt und mit Klebeband festgeklebt.
5. Ist der Hut zu groß, dann legt man die Ecken der offenen Seite aufeinander und faltet die obenliegende Ecke auf die Spitze des Hutes. Das Ganze wenden und die übrig gebliebene Ecke ebenfalls auf die Spitze des Hutes falten.

Karneval 113

Die Enden der Krepppapierstreifen aufeinander legen und mit einem Hefter an die Spitze des Hutes festtackern. Wenn die Kinder möchten, können sie den Hut bunt anmalen.

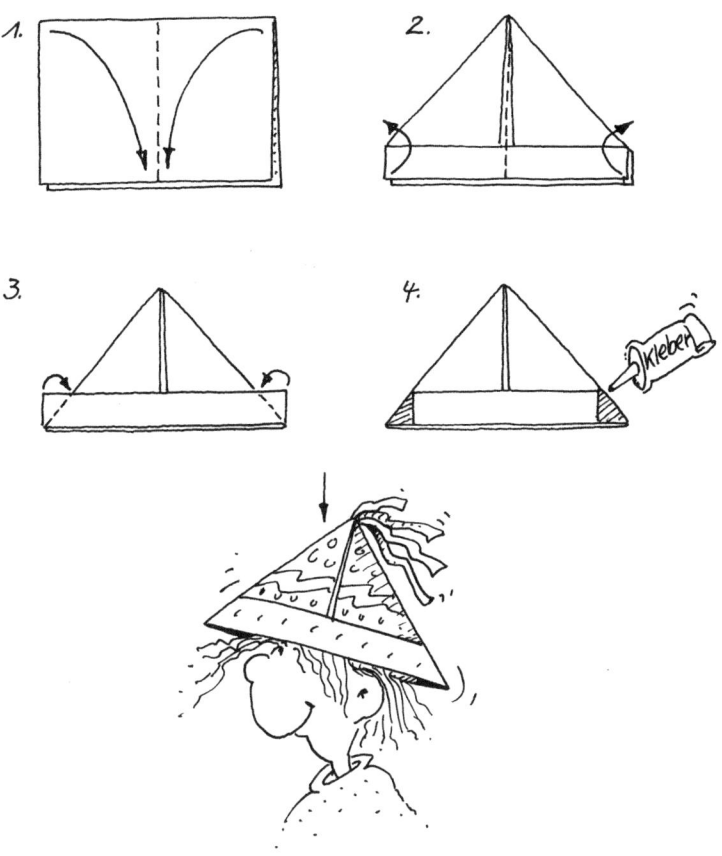

Krone

Benötigtes Material pro Kind:
- Bastelunterlage
- Kleber
- Malstifte
- Wattebällchen
- 2 Büroklammern
- Tonpapier oder Tapetenrest (60 × 15 cm)
- Krepppapierreste
- Tonpapierreste

Sonstiges:
- Schere
- langes Lineal
- Bleistift

Vorbereitungen:
Auf dem Tonpapier oder Tapetenrest die Krone aufzeichnen und ausschneiden.

Gestaltungsphase:
Die Kinder malen die Krone an, kleben abgeschnittene Tonpapierstücke, verschiedenfarbige Wattebällchen und/oder Kugeln aus selbstgemachten Krepppapierresten auf. Die Krone aufsetzen, den Kopfumfang abmessen, mit Kleber zusammenkleben und mit Büroklammern fixieren.

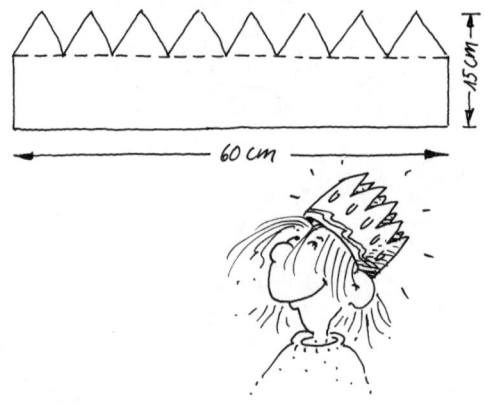

Gesichtsmaske ●●

Benötigtes Material pro Kind:
- Bastelunterlage
- Schere
- Luftschlangen
- Gummiband (ca. 30 cm)
- Malstifte
- Kleber
- ein Party-Pappteller
- Glanzpapier

Sonstiges:
- Lochzange

Vorbereitungen:
keine

Gestaltungsphase:
Die Kinder malen – wenn nicht möglich, dann die Mütter – die Augen, Nase, Mund und eventuell noch die Ohren auf den umgedrehten Pappteller. Wenn die Kinder möchten, können die Mütter diese Teile auch ausschneiden. Dabei beachten, dass dies großzügig geschieht. Der Rest der Gesichtsmaske wird bunt angemalt. Für die Haare werden die Luftschlangen ausgepustet, Stückweise abgerissen oder abgeschnitten und auf die Gesichtsmaske geklebt, von dem Glanzpapier abgeschnittene Stücke bilden einen Bart. Wenn die Kinder die Maske aufsetzen möchten, werden auf beiden Seiten mit der Lochzange Löcher geknipst, das Gummiband wird durchgezogen und jedes Ende für sich verknotet.

Maske ●●

Benötigtes Material pro Kind:
- ☐ Bastelunterlage
- ☐ Schere
- ☐ Tonpapier (20 × 10 cm)
- ☐ schmales Hosengummi (ca. 30 cm)
- ☐ Malstifte
- ☐ Kleber
- ☐ Tonpapierschnipsel

Sonstiges:
- ☐ Locher oder Lochzange

Vorbereitungen:
Maske auf das Tonpapier aufzeichnen und ausschneiden.

Gestaltungsphase:
Die Maske wird angemalt, und/oder die Tonpapierschnipsel werden daraufgeklebt. An beiden Augenrändern wird ein Loch geknipst, das Hosengummi durchgezogen, und die Enden werden jeweils einzeln verknotet.

Bemerkungen:
Beim Ausschneiden der Augen darauf achten, dass dies großzügig geschieht. Erfahrungsgemäß können einige Kinder es nicht ertragen, etwas »vor« ihren Augen zu haben.

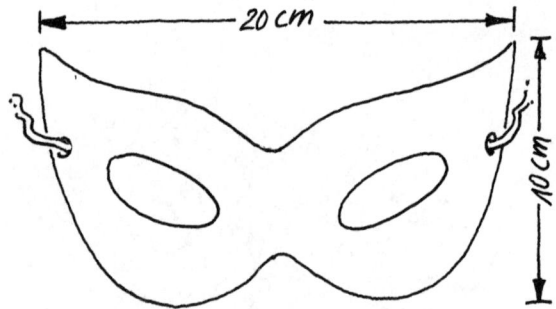

Tierohren ●●

Benötigtes Material pro Kind:
- Bastelunterlage
- Schere
- brauner, grauer oder weißer Karton (3 × 60 cm)
- 6 Büroklammern
- Kleber
- weiße Wattekugel
- brauner, grauer oder weißer Karton (5 × 15 cm)

Vorbereitungen:
Streifen (3 × 60 cm) für das Stirnband und Ohren aus weißem (Schaf), grauem (Maus) oder braunem (Hase) Karton ausschneiden.

Gestaltungsphase:
Die Kinder können den Streifen und die Ohren bunt anmalen bzw. das Watteballchen auf die Schafsohren kleben. Die Länge des Streifens wird am Kopf der Kinder abgemessen, zusammengeklebt und mit einer Büroklammer gesichert. Der Ring wird wieder aufgesetzt, und die Mütter zeichnen an, wo die Ohren hinkommen. Der Ring wird abgenommen, die Ohren werden an den gekennzeichneten Stellen angeklebt und mit Büroklammern gesichert.

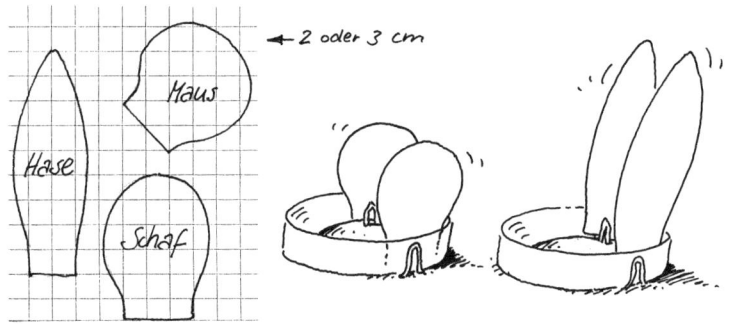

Einfache Girlande ●●●

Benötigtes Material pro Kind:
- ☐ Schere
- ☐ 2 Büroklammern
- ☐ Kleber
- ☐ Krepppapierrolle

Sonstiges:
- ☐ 2 Reißnägel

Vorbereitungen:
Die Krepppapierrolle in 10 cm breite Streifen schneiden.

Gestaltungsphase:
Jedes Kind erhält Krepppapier und schneidet jeweils ca. 7 cm lange Streifen hinein. Wenn alle Kinder fertig sind, werden die Teile aneinander geklebt, mit Büroklammern gesichert und mit zwei Reißnägeln verdreht aufgehängt.

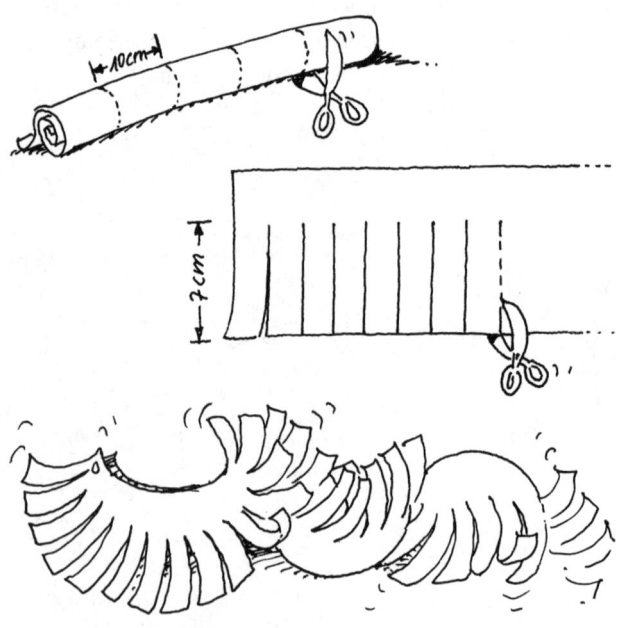

Doppelte Girlande ●●●

Benötigtes Material pro Kind:
- [ ] Schere
- [ ] 2 Krepppapierrollen
- [ ] Kleber
- [ ] 2 Büroklammern

Sonstiges:
- [ ] 1 Lineal
- [ ] 2 Reißnägel
- [ ] Schere

Vorbereitungen:
Die beiden Krepppapierrollen in 20 cm breite Stücke schneiden. Die beiden verschiedenen Farben werden der Länge nach aufeinander gelegt und in der Mittellinie zusammengeklebt.

Gestaltungsphase:
Die Kinder schneiden von beiden Seiten 7 cm breite Streifen in das zusammengeklebte Krepppapier ein. Zum Schluss werden alle Teile aneinander geklebt, mittels Büroklammern gesichert und mit Reißnägeln aufgehängt.

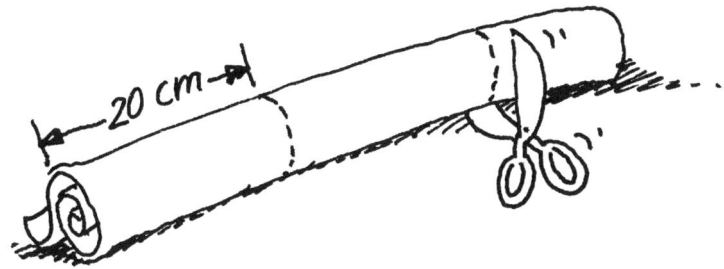

Karneval

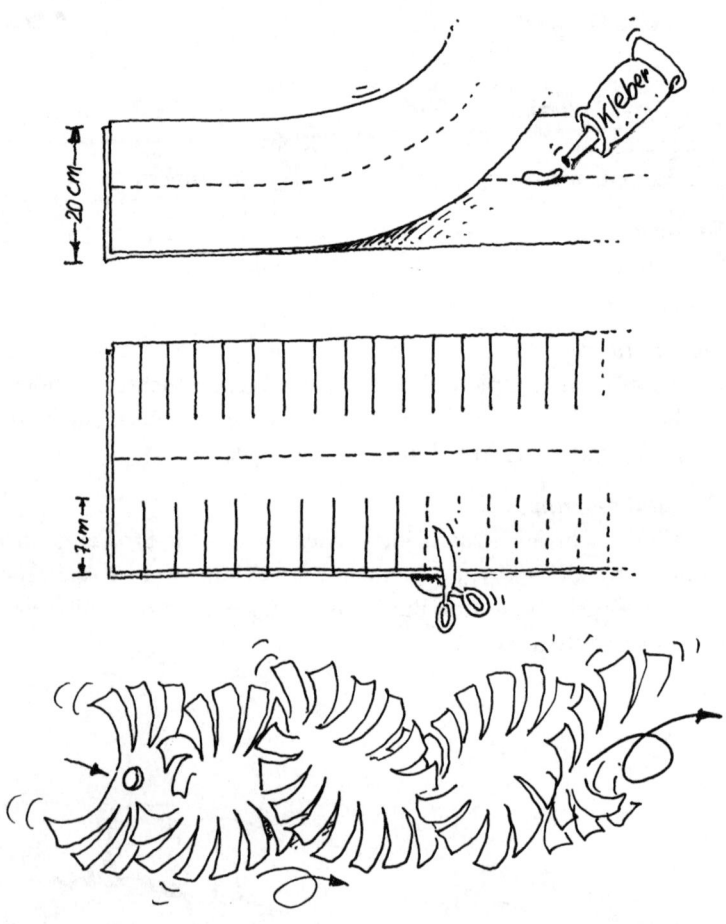

Handabdruck ●

Benötigtes Material pro Kind:
- Bastelunterlage
- Wollfaden
- Gebrauchskarton (Kreis 15 cm ⌀)

Sonstiges:
- Wischtuch
- dicker Pinsel
- 10-Liter-Eimer mit lauwarmem Wasser
- Handtücher
- Lochzange
- Fingerfarben

Vorbereitungen:
Aus dem Gebrauchskarton Kreise mit 15 cm ⌀ ausschneiden.

Gestaltungsphase:
Die Kinder malen ihre Handflächen mit den Fingerfarben an und drücken einen Handabdruck auf den Karton. Trocknen lassen und dann ein Loch in den Karton knipsen für den Aufhänger. Nicht vergessen, den Namen darauf zu schreiben.

Kinder malen

Benötigtes Material pro Kind:
- Tapete (ca. 1m)
- Wachsmalstifte

Sonstiges:
- Schere
- Zollstock

Vorbereitungen:
Tapetenstücke mit ca. 1 m Länge abschneiden.

Gestaltungsphase:
Jedes Kind legt sich auf eine Tapete, und die Mütter malen die Konturen der Kinder auf das Papier ab. Die Kinder malen ihr Bild an, und die Mütter schneiden zum Schluss das Abbild des Kindes aus.

Fernglas ●

Benötigtes Material pro Kind:
- Bastelunterlage
- Wachsmalstifte
  (oder Wasserfarben Pinsel, Wasserbehälter, Malkittel)
- Kleber
- 2 Büroklammern
- 2 leere Toilettenpapierrollen
- Wollfaden (ca. 50 cm)

Sonstiges:
- spitze Schere oder Lochzange

Vorbereitungen:
keine

Gestaltungsphase:
Die Toilettenpapierrollen werden längs aneinander geklebt und auf beiden Seiten mit einer Büroklammer gesichert. Die Kinder malen mit Wachsmalstiften oder mit Wasserfarben die Rollen außen und innen an. Zum Schluss werden an einem Ende der Außenseiten mit der spitzen Schere oder Lochzange Löcher gebohrt, der Wollfaden wird durchgezogen und verknotet.

Schiff ●

Benötigtes Material pro Kind:
- Bastelunterlage
- Malstifte
- quadratisches Blatt (20 × 20 cm)
- Kleber
- Blatt (DIN A4)

Vorbereitungen:
keine

Gestaltungsphase:
Die Kinder malen das DIN-A4-Blatt als Meer an und legen es quer. Vom quadratischen Blatt wird eine Ecke umgeschlagen und so aufgeklebt, dass die gefaltete Ecke unten als Rumpf des Schiffes anzusehen ist. Das Schiff ebenfalls anmalen.

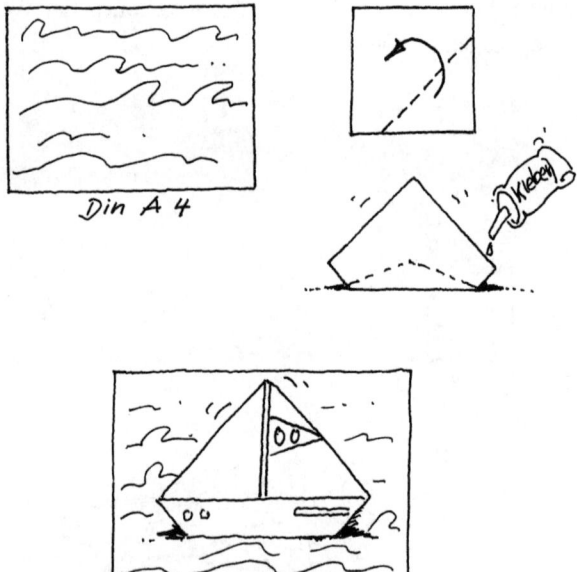

Elefant

Benötigtes Material pro Kind:
- Bastelunterlage
- Malstifte
- Gebrauchskarton
  Tonpapier (18 × 18 cm)

Sonstiges:
- spitze Schere

Vorbereitungen:
Den Elefanten aufzeichnen und ausschneiden.

Gestaltungsphase:
Die Kinder malen den Elefanten an, gegebenenfalls malen die Mütter das Gesicht.

Bemerkungen:
Wenn man den Zeigefinger durch das Loch steckt, erscheint er auf der einen Seite als Rüssel und auf der Rückseite als Schwanz.

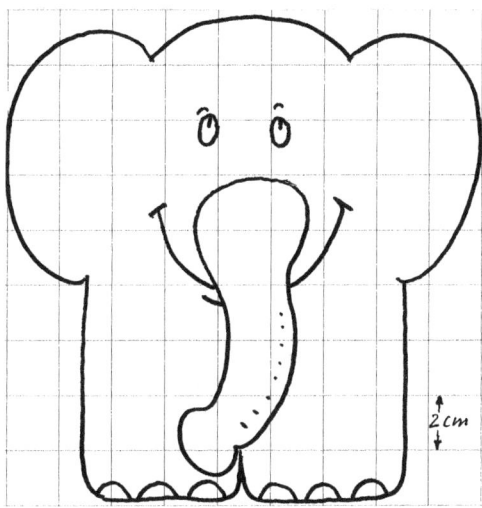

Luftballon mit Füßen ●

Benötigtes Material pro Kind:
- Bastelunterlage
- Luftballon
- Tonpapier (20 × 20 cm)
- Filzstifte
- Bleistift
- Schere

Sonstiges:
- Locher

Vorbereitungen:
keine

Gestaltungsphase:
Die Kinder stellen sich auf das Tonpapier, und die Mütter fahren die Umrisse beider Füße ab und schneiden sie aus. Die Kinder können ihre »Füße« bunt anmalen. In die Ferse wird jeweils ein Loch geknipst. Der Luftballon wird aufgeblasen und das Ende durch die Löcher der Füße gezogen und dann verknotet. Mit den Filzstiften können ein Gesicht und Haare oder etwas anderes daraufgemalt werden.

Rassel

Benötigtes Material pro Kind:
- Bastelunterlage
- Kleber
- 1 Essl. Erbsen oder/und Bohnen
- leere Toilettenpapierrolle
- 2 Kreise aus Transparentpapier (8 cm Ø)
- 2 Gummibänder

Sonstiges:
- Schere

Vorbereitungen:
Transparentpapier zuschneiden.

Gestaltungsphase:
Die Kinder verteilen den Kleber an einem äußeren Rand der Rolle und kleben ein Transparentpapier so auf, dass die Öffnung der Rolle verdeckt ist. Zur Sicherung wird ein Gummiband darübergespannt. Jetzt werden die Erbsen oder/und Bohnen eingefüllt, und die andere Öffnung wird ebenso verschlossen.

Tisch-Set ● ●

Benötigtes Material pro Kind:
- ☐ Bastelunterlage
- ☐ Malstifte
- ☐ Tonkarton (DIN A3)
- ☐ selbstklebende Klarsichtfolie (2 × DIN A3)

Sonstiges:
- ☐ Schere

Vorbereitungen:
Die Ecken des Tonkartons abrunden.

Gestaltungsphase:
Die Kinder malen das Papier auf beiden Seiten an. Die Mütter schreiben noch den Namen darauf und bekleben beide Seiten mit der Klarsichtfolie. Die überstehende Folie wird abgeschnitten.

Bemerkungen:
Durch die Klarsichtfolie wird das Tisch-Set abwaschbar. Das Set kann auch mit der Drucktechnik hergestellt werden.

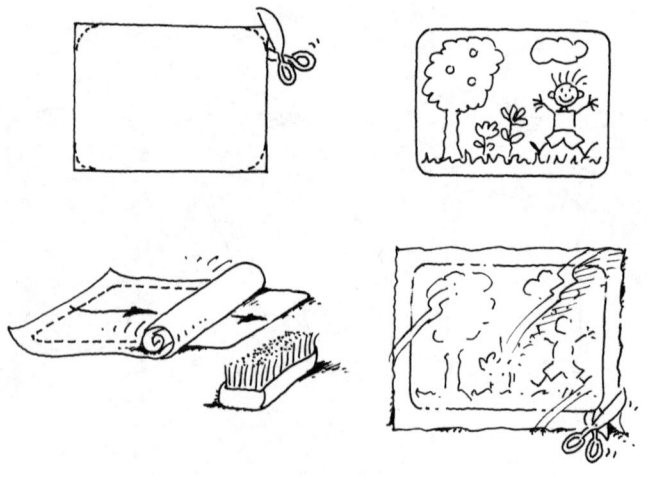

Halskette aus Styropor-Chips ●●

Benötigtes Material pro Kind:
- Wollfaden
- 10–15 Styropor-Chips
- Stopfnadel
- Behälter

Vorbereitungen:
keine

Gestaltungsphase:
Jedes Kind erhält eine Schale mit Styropor-Chips und eine Stopfnadel mit einem ca. 80 cm langen Wollfaden daran. Der erste Chip wird durchbohrt und mittels eines Knotens gesichert. Das Fadenende darf dabei allerdings nicht zu kurz gefasst werden, da dieses mit dem anderen Fadenende zum Schließen der Kette verknotet werden muss.

Bemerkungen:
Die Styropor-Chips erhält man bei den Abfallsammelstellen der Kommunen oder bei der Versandabteilung von örtlichen Firmen. Behälter fallen an beim Kauf von Gemüse und Obst und bieten sich zum Aufbewahren an.

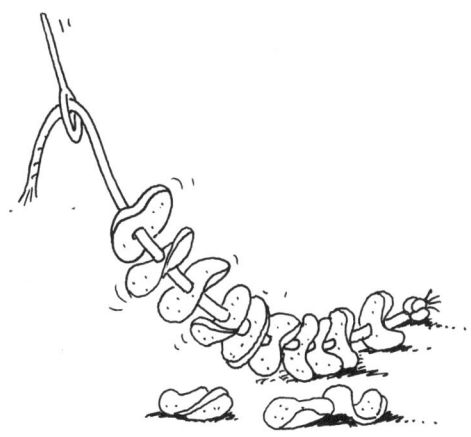

Kneten ●●●

Benötigtes Material pro Kind:
- Bastelunterlage
- Plätzchenformen zum Ausstechen
- Nudelholz oder kleine Glasflaschen mit geradem, glattem Rand
- Zahnstocher
- Kronenkorken
- leere Plastikrollen
- Walnusshälfte
- Weinkorken
- kleiner Schuhkarton

Sonstiges:
- 1 Schüssel
- 1 Waage
- 2 Esslöffel
- 1 Topf
- 1 Messbecher
- versch. Behälter mit Deckel

Zutaten für die Knetmasse:
- 400 g Mehl
- 2 Essl. Alaunpulver (11 g) oder Weinsteinpulver
- Lebensmittelfarben
- 200 g Salz
- 3 Essl. Öl
- 1/2 l kochendes Wasser

Vorbereitungen:
Die Zutaten für die Knetmasse miteinander mischen und mit der Hand verkneten. Die Knetmasse teilen und die Lebensmittelfarben nach Bedarf zugeben.

Gestaltungsphase:
Die Kinder erhalten einen oder mehrere verschiedenfarbige Knetknödel und experimentieren mit Zahnstocher, Walnusshälften, Kronenkorken usw. Es wird ihnen dann gezeigt, wie man eine Wurst macht, dann eine Schlange und zum Schluss eine Schnecke. Es können Brezeln, Brötchen, Walzen usw. geknetet werden. Wer möchte, kann auch Ausstecher mit den Plätzchenformen machen. Das Loch für den Aufhänger nicht vergessen.

Allgemeine Gestaltungsangebote 131

Beispiele

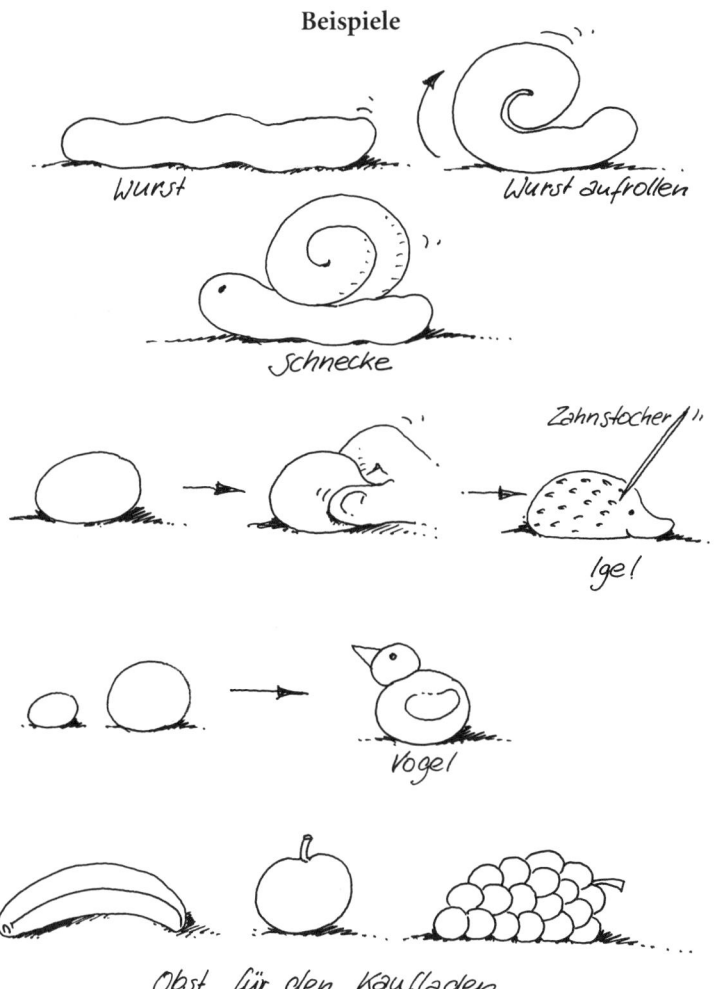

Bemerkungen:
Man braucht keine Angst zu haben, dass die Kinder den Knet in den Mund stecken, spätestens nach dem ersten Versuch vergeht ihnen der Appetit.

Diese Masse lässt sich gut kneten, bröselt nicht, wird nicht weicher und trocknet nicht so schnell aus. In einer leeren, gesäuberten Cremedose kann man sie monatelang im Kühlschrank aufbewahren. Der Knet trocknet an der Luft und kann mit Plakafarben bemalt werden. Eine Schutzschicht mit wasserlöslichem Lack verhindert das Feuchtwerden und lässt die Farben schöner leuchten.

Mit den Lebensmittelfarben Gelb, Blau und Rot lassen sich jede Menge anderer Farben mischen.

Fadenbild ●●●

Benötigtes Material pro Kind:
- Gebrauchskarton (10 × 15 cm)
- Wollfaden
- Bleistift
- Stopfnadel

Sonstiges:
- Lochzange

Vorbereitungen:
Auf den Karton einen Fisch, eine Ente, einen Ball oder eine andere einfache Figur malen. In einem Abstand von ca. 2 cm mit der kleinsten Lochgröße Löcher knipsen. Die Löcher werden – auch auf der Rückseite – der Reihe nach mit Bleistiftstrichen verbunden, damit die Kinder eine Anhaltslinie haben.

Gestaltungsphase:
Die Kinder nähen die Löcher entlang der Figur aus, wobei an einem der beiden Fadenenden zu Beginn ein Knoten sein muss, damit der Faden nicht durchgleitet.

Bemerkungen:
Wenn ein Aufhänger angebracht wird, kann das Bild die Wand schmücken.

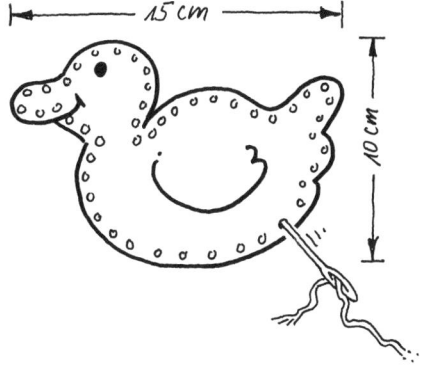

Drucken ●●●

Benötigtes Material pro Kind:
- Bastelunterlage bzw. bei Stoff Abdeckkarton
- Malkittel
- Pinsel
- Wasserbehälter

Bedruckt werden kann folgendes Material:
- Papier
- Schuhkarton
- Postkarten
- T-Shirt
- Deckchen
- Papierservietten usw.

Gedruckt werden kann mit:
- Weinkorken
- zurechtgeschnittenen Kartoffeln
- Babyschnuller
- halbierten Zwiebeln
- Finger, Hand
- Styropor-Chips
- Wattestäbchen usw.

Entsprechende Farben
- für Stoffe nur mit Stoffdruckfarben
- für Papier mit Wasser-, Plaka- und Fingerfarben

Vorbereitungen:
Entsprechend großes Papier oder Stoffe bereitlegen.

Gestaltungsphase:
Die Farbe wird mit dem Pinsel auf den Stempel (Korken, Kartoffel usw.) aufgetragen und dann auf das Material gedrückt.

Bemerkungen:
Bei T-Shirts, Stofftaschen usw. muss zwischen die beiden Stoffhälften unbedingt ein zurechtgeschnittener Karton gelegt werden, sonst druckt sich die Farbe durch. Zeitungspapier eignet sich nicht, da Druckerschwärze auf den Stoff abfärben kann. Bei der Verwendung von Stoffdruckfarben muss die vorgeschriebene Nachbehandlung beachtet werden.

Allgemeine Gestaltungsangebote 135

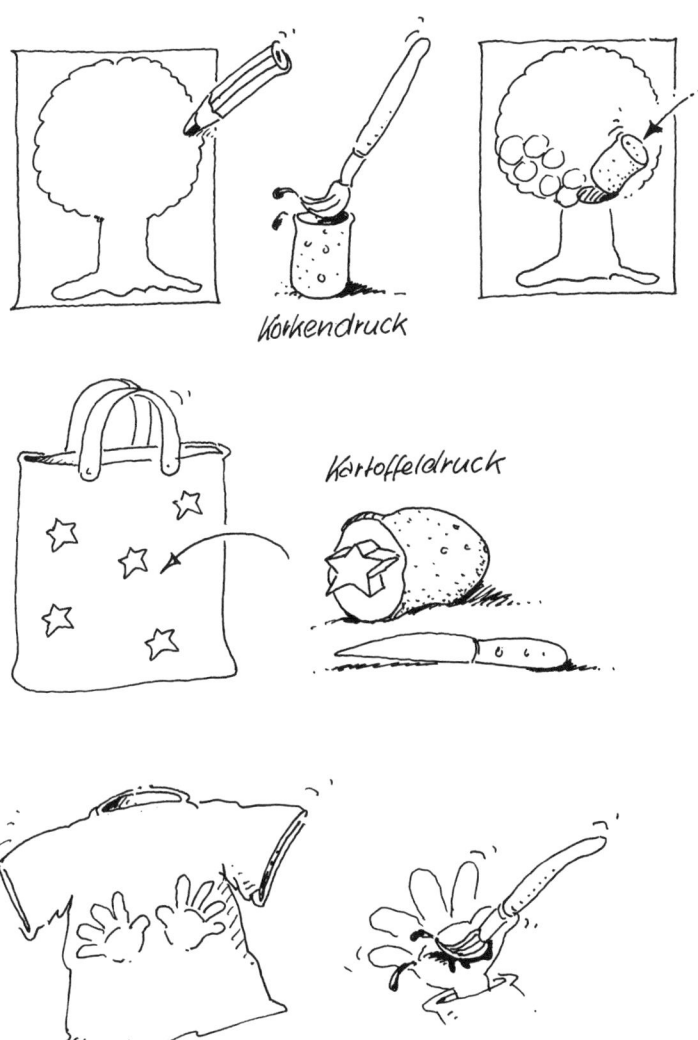

Korkendruck

Kartoffeldruck

Kreisspiele

Die praktische Anwendung

Auch hier gilt, dass jedes Lied einmal wiederholt wird, soweit es nicht sowieso mit anderen Textteilen noch einmal gesungen wird. Dadurch haben die Kinder die Möglichkeit, sich besser auf die neuen Lieder einzustellen und sie sich auch besser merken zu können. Im Laufe der Zeit, wenn die Kinder die Lieder gut beherrschen, reicht es, wenn nur einmal gesungen wird.

Die Kreisspiele fördern die Koordination der Bewegungsmotorik von Armen und Beinen, die Körperwahrnehmung, das Gleichgewicht und die kognitiven (die Erkenntnis betreffenden, Anmerkung) Fähigkeiten.

Die verschiedenen Schwierigkeitsstufen

Auch die Kreisspiele sind in drei verschiedenen Schwierigkeitsstufen mit Punkten gekennzeichnet. Grundsätzlich sollte mit den leichtesten Liedern angefangen werden, um den Entwicklungsstand festzustellen.

- ● = leichte Anforderungen, das Lied ist leicht verständlich und sogar für die Kleinsten geeignet
- ●● = gesteigerte Anforderungen, das Lied erfordert komplexere Bewegungen und Koordination
- ●●● = schwierigere Anforderungen, das Lied erfordert die Kenntnis von kleinen Handlungsabläufen und größere Ausdauer und Konzentration

Häschen in der Grube

Volksweise

Häschen in der Grube saß und schlief, saß und schlief.
(Kinder sitzen auf dem Fußboden und deuten Schlafen an.)
Armes Häschen, bist du krank, dass du nicht mehr hüpfen kannst?
(Mütter streicheln den Kindern über den Kopf.)
Häschen, hüpf! Häschen, hüpf! Häschen, hüpf!
(Kind wird von der Mutter hochgenommen und in die Luft gehoben.)

Bemerkungen:

Wenn die Kinder älter geworden sind, haben sie auch einiges mehr an Gewicht, sodass die Mütter Mühe haben, sie hochzuheben. Dann sind die Kinder auch imstande, selber zu hüpfen. Dabei legen sie ihre Hände an den Kopf, um Hasenohren darzustellen.

Ringel, Ringel, Reihe / Ringel, Rangel, Rosen

Volksweise

1. Ringel, Ringel, Reihe! Wir sind der Kinder dreie.
    (An den Händen gefasst im Kreis gehen.)
   Sitzen unterm Hollerbusch und machen alle
      husch, husch, husch!
    (In die Hocke gehen.)

2. Ringel, Rangel, Rosen, schöne Aprikosen.
    (An den Händen gefasst im Kreis gehen.)
   Veilchen und Vergissmeinnicht, alle Kinder setzen sich.
   (In die Hocke gehen.)

Wir fahren mit dem Auto

Überliefert

Wir fahren mit dem Auto in die weite Welt.
(An den Händen fassen und im Kreis gehen.)
Wir fahren mit dem Auto, wohin es uns gefällt.
Die Ampel rot, wir bleiben stehn.
(Stehen bleiben.)
die Ampel grün, kann's weitergehn.
(Wieder gehen.)
Wir fahren mit dem Auto in die weite Welt.
(Im Kreis gehen.)

Bemerkungen:
Die Kinder fragen, womit sie noch fahren möchten (Omnibus, Dreirad, Bobby-Car, Lastwagen, Bagger, Motorrad, Fahrrad, Eisenbahn, Traktor usw).

Besonderheiten:
In diesem Lied werden die Farben Rot und Grün angesprochen und in Verbindung mit der Verkehrserziehung geübt.

Was machen wir so gerne hier im Kreis

Überliefert

Was machen wir so gerne hier im Kreis?
Was machen wir so gerne hier im Kreis?
   (Im Kreis stehen und klatschen.)
Tanzen, tanzen, tralalalala, tanzen, tanzen, tralalalala.
   (Die Mutter an den Händen fassen und drehen.)

Bemerkungen:
Das Lied kann wiederholt werden mit Hüpfen, Stampfen, Winken, Drehen usw. Wenn die Kinder schon länger das Spiel kennen, können sie nach den nächsten Bewegungen gefragt werden.

Besonderheiten:
Bei diesem Lied werden die verschiedenen Bewegungsmöglichkeiten der Beine genannt und in Bewegung umgesetzt.

Wir haben eine Ziehharmonika

Überliefert

Wir haben eine Ziehharmonika,
   (einen Kreis bilden, an den Händen fassen, und alle zusammen gehen zur Mitte des Kreises)
tschinderassa, tschinderassa, bum, bum, bum!
   (Rückwärts gehen, bis der Kreis wieder gebildet ist.)
Wir haben eine Ziehharmonika,
   (wieder zur Kreismitte gehen)
tschinderassa, tschinderassa, bum, bum, bum!
   (Rückwärts gehen, bis der Kreis wieder gebildet ist.)
Sie spielt uns immer wieder die allerschönsten Lieder.
   (Von einem Bein auf das andere schaukeln.)
Wir haben eine Ziehharmonika,
   (wieder zur Kreismitte gehen)
tschinderassa, tschinderassa, bum, bum, bum!
   (Rückwärts gehen, bis der Kreis wieder gebildet ist.)

Zeig mir deine Hände

Überliefert

Zeig mir dei-ne Hän-de, Hän-de, Hän-de, ja da sind dei-ne Hän-de, ei, wie fein.

Zeig mir deine Hände, Hände, Hände,
ja, das sind deine Hände,
    (Hände hochhalten)
ei, wie fein.
    (Klatschen.)

Bemerkungen:
So können alle Körperteile nacheinander benannt werden. Je nach Entwicklungsstand der Kinder können sie gefragt werden, welches Körperteil als nächstes drankommen soll.

Besonderheiten:
Die Körperteile werden genannt und erlernt.

Ich bin ein dicker Tanzbär

Überliefert

Ich bin ein dicker Tanzbär und komme aus dem Wald.
  *(Mit den Armen vor dem Bauch einen Kreis beschreiben,
  sodass sich die Fingerspitzen berühren.)*
Ich such' mir eine Freundin
  *(eine Hand wird an die Stirn gelegt, als wolle man in die
  Ferne schauen)*
und finde sie gar bald.
  (Die Mutter fasst ihr Kind an den Händen.)
Ei, sie tanzen hübsch und fein von einem auf das andre Bein.
Ei sie tanzen hübsch und fein von einem auf das andre Bein.
  (Von einem Bein auf das andere hüpfen.)

Brüderchen komm tanz mit mir

Überliefert

1. Brüderchen komm tanz mit mir!
   (Mutter und Kind stehen sich gegenüber.)
   Beide Hände reich' ich dir.
   (Beide Hände reichen und anfassen.)

   Refrain:
   Einmal hin, einmal her,
   (von einem Bein auf das andere schaukeln)
   ringsherum, das ist nicht schwer.
   (Im Kreis gehen.)
   Mit dem Köpfchen nick, nick, nick.
   (Mit dem Kopf nicken.)
   Mit dem Finger tick, tick, tick.
   (Fingerspitzen beider Hände aneinander tippen.)
   Mit den Füßen trapp, trapp, trapp.
   (Stampfen.)
   Mit den Händen klapp, klapp, klapp.
   (Klatschen.)

Einmal hin, einmal her,
(von einem Bein auf das andere schaukeln)
ringsherum, das ist nicht schwer.
(Im Kreis gehen.)

2. Ei, das hast du gut gemacht. Ei, das hätt' ich nicht gedacht.
   (Unterarme halb hoch nehmen und zur Seite drehen.)

   Refrain: …

3. Noch einmal das schöne Spiel, weil es uns so gut gefiel.
   (Mit dem Kopf nicken.)

   Refrain: …

Meine Beine sind verschwunden

Überliefert

Meine Beine sind verschwunden, ich habe keine Beine mehr.
  (Die Beine werden mittels eines Tuches oder der Hände abgedeckt.)
Ei, da sind die Beine wieder. Tralalalalala.
Ei, da sind die Beine wieder. Tralalalalala.
  (Aufdecken.)

Bemerkungen:
Alle Körperteile können mittels eines Tuches abgedeckt werden.

Besonderheiten:
Körperteile werden genannt und gezeigt.

Große Uhren machen tick-tack

Überliefert

Große Uhren machen tick-tack, tick-tack.
   *(Beide Arme nach vorn [tick] und
   hinten [tack] schlenkern.)*
Kleine Uhren machen tick-tick tack-tack, tick-tick tack-tack.
   (Schneller werden.)
Und die kleinen Taschenuhren ticke-tacke, ticke-tacke,
ticke-tacke, ticke-tacke.
   (Noch schneller werden.)
Und die große Turmuhr schlägt bimbam, bimbam.
   *(Ganz langsam den Körper von einer Seite zur anderen
   neigen.)*

Besonderheiten:
Die Begriffe »langsam« und »schnell« werden verwendet.

Auf der grünen Wiese

Überliefert

Auf der grünen Wiese steht ein Karussell.
   (Kreis bilden, darauf achten, dass sich wenn möglich immer ein Kind und ein Erwachsener abwechselnd aufstellt.)
Es dreht sich einmal langsam, es dreht sich einmal schnell.
   (Im Kreis bewegen.)
Anhalten!
Einsteigen.
   (Beine heben.)
Festhalten!
   (An den Händen fassen.)
Es geht los!
   (Im Kreis drehen.)
Rums dideldum, das Karussell geht um.
   (Schneller im Kreis drehen.)
Und alle Kinder fliegen im Kreis herum.
   (Die Kinder heben die Beine vom Boden ab.)

Ein kleines graues Eselchen

Überliefert

1. Ein kleines graues Eselchen,
   das wandert durch die Welt.
   (Im Kreis gehen.)
   Es wackelt mit dem Hinterteil, so wie es ihm gefällt.
   I-a, I-a, I-a.
   (Leicht in die Hocke gehen und mit dem Po wackeln.)

2. Ein kleines schwarzes Kätzchen,
   das schleicht so durch die Welt.
   (Im Kreis gehen.)
   Es putzt sich mit den Pfötchen, grad wie es ihm gefällt.
   Miau, miau, miau.
   (Hände am Mund vorbeiführen.)

3. Ein kleiner bunter Vogel,
   der flattert durch die Welt.
   (Im Kreis gehen und mit den Armen flattern.)
   Er pickt ganz viele Körner auf, grad wie es ihm gefällt.
   Pip, pip, pip.
   (Mit dem Kopf nicken.)

Bemerkungen:
Der Text kann beliebig variiert werden.

Besonderheiten:
Typische Eigenheiten verschiedener Tiere werden dargestellt.

Jenny, Jenny, drehe dich geschwind

Überliefert

Jenny, Jenny, drehe dich geschwind
   (das angesprochene Kind dreht sich um sich selbst)
und zeige auf ein andres Kind.
   (Das Kind zeigt auf jemand anderes.)

Bemerkungen:
Daraufhin wird der Name desjenigen gesungen, auf das Jenny gezeigt hat, usw.

Ich bin die kleine Schnecke

Überliefert

Ich bin die kleine Schnecke und hab' ein Haus,
in dem ich mich verstecke und komm' nicht raus.
Schneck' im Haus, komm heraus, strecke deine Fühler aus!

Bemerkungen:
Es gibt zwei Spielmöglichkeiten dieses Kreisspieles.
a) Die Mütter stehen und das Kind sitzt zwischen den gespreizten Beinen der Mutter auf dem Boden. Dann krabbelt es heraus, stützt sich auf die Ellenbogen und deutet mit den Händen die Fühler an.
b) Die Mütter bilden das Schneckenhaus, indem sie sich im »Vierfüßlerstand« auf dem Boden befinden. Das Kind ist die Schnecke und befindet sich ebenfalls im »Vierfüßlerstand« unter der Mutter. Dann krabbelt es heraus. stützt sich auf die Ellenbogen und deutet mit den Händen die Fühler an.

Besonderheiten:
Die Begriffe »innen« und »außen« kommen zur Sprache.

Auf der Eisenbahn steht ein schwarzer Mann ●●

Überliefert

1. Auf der Eisenbahn steht ein schwarzer Mann,
   der macht Feuer an, dass man fahren kann.
   (Kreis bilden.)
   Kleinkinder, Kleinkinder fasst euch an.
   (An den Händen anfassen.)
   Wir fahren mit der Eisenbahn, mit der Eisenbahn.
   (Im Kreis gehen.)

2. Der Schaffner hebt den Stab,
   (einen Arm hochheben)
   jetzt fährt das Züglein ab.
   Nun fasst euch an, nun fasst euch an.
   (An den Händen fassen.)
   Wir fahren mit der Eisenbahn, mit der Eisenbahn.
   (Im Kreis gehen.)
   Tut, tut, tut.

Hoch am Himmel, tief auf der Erde

Überliefert

Hoch am Himmel,
   (Arme hoch strecken)
tief auf der Erde,
   (Arme zum Boden hin strecken)
überall ist Sonnenschein.
   (Die ausgestreckten Arme treffen sich über dem Kopf und werden zu beiden Seiten weggeführt.)
Wenn ich nicht ein Kleinkind wäre,
   (auf sich zeigen)
möchte ich ein Vogel sein. Piep, piep, piep!
   (Arme abspreizen und damit flattern, Vogelstimme imitieren.)

Bemerkungen:
Die Kinder fragen, was sie noch gerne wären. Den Wunsch in das Lied einbauen. Dies könnte z.B. sein: Hund – wauwau, Auto – brummbrumm, Katze – miaumiau, usw.

Besonderheiten:
Die Bezeichnungen »hoch« und »tief« werden genannt, außerdem werden Tierstimmen und typische Bewegungen der Tiere eingeübt.

Mein Hampelmann

Überliefert

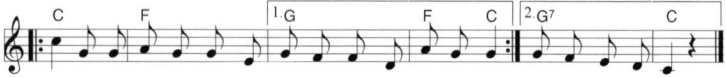

1. Jetzt steigt Hampelmann, jetzt steigt Hampelmann,
   jetzt steigt Hampelmann aus seinem Bett heraus.
   (Beine abwechselnd heben.)

   Refrain:

   Oh du mein Hampelmann, mein Hampelmann,
   mein Hampelmann!
   Oh du mein Hampelmann, mein Hampelmann bist du!
   (Klatschen.)

2. Jetzt zieht Hampelmann, jetzt zieht Hampelmann,
   jetzt zieht Hampelmann sich seine Strümpfe an.

   Refrain: …

3. Jetzt zieht Hampelmann, jetzt zieht Hampelmann,
   jetzt zieht Hampelmann sich seine Hose an.

   Refrain: …

4. Jetzt zieht Hampelmann, jetzt zieht Hampelmann,
   jetzt zieht Hampelmann sich seine Schuhe an.

   Refrain: …

5. Jetzt zieht Hampelmann, jetzt zieht Hampelmann,
   jetzt zieht Hampelmann sich seine Jacke an.

   Refrain: …

6. Jetzt geht Hampelmann, jetzt geht Hampelmann,
   jetzt geht Hampelmann mit seiner Mama spaziern.
   (Mutter und Kind fassen sich an der Hand und gehen ein Stück.)

   Refrain: …

7. Jetzt tanzt Hampelmann, jetzt tanzt Hampelmann,
   jetzt tanzt Hampelmann mit seiner lieben Mama.
   (Mutter und Kind fassen sich an den Händen und tanzen.)

   Refrain: …

Bemerkungen:
Im Text ist genau beschrieben, was jeweils gemacht werden soll. Bevor die nächste Strophe begonnen wird, kann erst mit den Kindern abgeklärt werden, was nun folgt, damit sie dem Ablauf folgen können. Im Winter können die Kleidungsstücke um Schal, Mütze und Handschuhe erweitert werden.

Besonderheiten:
Die Kinder lernen die Namen der Kleidungsstücke kennen, die entsprechenden Körperteile und die richtige Reihenfolge beim Ankleiden. Dieses Lied unterstützt das Erlernen des selbstständigen Anziehens.

Zeigt her eure Füße

Volksweise

Zeigt her eure Füße, zeigt her eure Schuh'
und sehet den fleißigen Spielgruppenkindern zu.
  (Abwechselnd die Beine hochnehmen und ausstrecken.)
Sie hüpfen, sie hüpfen, sie hüpfen den ganzen Tag.
Sie hüpfen, sie hüpfen, sie hüpfen den ganzen Tag.
  (Hüpfen.)

Bemerkungen:

Das Lied kann z.B. mit Sichdrehen, Klatschen, Sichwiegen, Strampeln, Tanzen, Winken, Nicken usw. gesungen werden. Die Melodie ist von »Zeigt her eure Füße, zeigt her eure Schuh und sehet den fleißigen Waschfrauen zu«.

Kreisspiele mit schwierigen Anforderungen 157

Wir gehen jetzt im Kreise

Text: Lore Kleikamp
Musik: Detlev Jöcker

1. Wir gehen jetzt im Kreise, man hört uns kaum, ganz leise,
   so gehen wir, so gehen wir jetzt im Kreise.

2. Wir machen kleine Schritte und trippeln in die Mitte.
   So machen wir, so machen wir kleine Schritte.

3. Nun wollen wir rückwärts gehen, ganz hoch auf unseren Zehen.
   So wollen wir, so wollen wir rückwärts gehen.

4. Wir stampfen wie die Pferde. Es zittert schon die Erde.
   So stampfen wir, so stampfen wir wie die Pferde.

5. Wir schleichen wie die Katzen auf ihren weichen Tatzen.
   So schleichen wir, so schleichen wir wie die Katzen.

6. Wir schlafen wie die Riesen. Mh mh mh mh mh mh mh.
   Doch plötzlich, doch plötzlich müssen wir niesen.
   (Alle: Hatschi!)

(Aus: Buch, CD und MC »1, 2, 3 im Sauseschritt«,
© Menschenkinder Verlag, 48157 Münster.)

Bemerkungen:
Im Text ist genau beschrieben, was gemacht werden soll.

Besonderheiten:
Alle auftretende Begriffe werden in Bewegung umgesetzt wie:
»leise« und »laut«, »die Mitte«, »rückwärts« usw.

Wer will fleißige Handwerker sehn

Volksweise

1. Wer will fleißige Handwerker sehn,
   der muss zu uns Kindern gehn.
   Stein auf Stein, Stein auf Stein,
   das Häuschen wird bald fertig sein.
   (Abwechselnd eine Hand auf die andere legen.)

   Wiederholen: Stein auf Stein ...

2. Wer will ...
   Oh, wie fein, oh, wie fein,
   der Glaser setzt die Scheiben ein.
   (Mit beiden Zeigefingern ein Viereck in die Luft malen.)

   Wiederholen: Oh, wie fein ...

3. Wer will ...
   Tauchet ein, tauchet ein,
   der Maler streicht die Wände fein.
   (Mit einer Hand so tun, als tauche man in einen Farbtopf ein, und dann die Hand rauf und runter bewegen.)

   Wiederholen: Tauchet ein ...

4. Wer will …
   Zisch, zisch, zisch, zisch, zisch, zisch,
   der Tischler hobelt glatt den Tisch.
   (Mit der linken Hand eine Faust machen und den Daumen nach oben weg strecken, mit der rechten Faust den Daumen fassen und den Daumen der rechten Hand wegstrecken.)

   Wiederholen: Zisch, zisch, zisch …

5. Wer will …
   Poch, poch, poch, poch, poch, poch,
   der Schuster schustert zu das Loch.
   (Mit einer Faust auf den Schuh klopfen.)

   Wiederholen: Poch, poch, poch …

6. Wer will …
   Stich, stich, stich, stich, stich, stich,
   der Schneider näht eine Hose für mich.
   (Mit einer Hand den Stoff der Hose anfassen und mit der anderen so tun, als würde man nähen.)

   Wiederholen: Stich, stich, stich …

7. Wer will …
   Rühre ein, rühre ein.
   der Kuchen wird bald fertig sein.
   (Mit einer Hand so tun, als würde man in einem Topf rühren.)

   Wiederholen: Rühre ein …

8. Wer will …
   Tripp, trapp, drein, tripp, trapp, drein,
   jetzt geh'n wir von der Arbeit heim.
   (Die Beine abwechselnd vom Boden heben.)

   Wiederholen: Tripp, trapp, trein …

9. Wer will …
   Hopp, hopp, hopp, hopp, hopp, hopp,
   jetzt hüpfen alle im Galopp.
   (Hüpfen.)

   Wiederholen: Hopp, hopp, hopp …

Ich bin ein kleiner Hampelmann

Überliefert

1. Ich bin ein kleiner Hampelmann,
   der Arm und Bein bewegen kann.
   (Beide Arme und abwechselnd die Beine ausschütteln.)
   Refrain:

   Mal links, hm, hm, *(linken Arm und linkes Bein ausschütteln)*
   mal rechts hm, hm, *(rechten Arm und rechtes Bein ausschütteln)*
   mal auf hmhm, *(beide Arme nach oben ausschütteln)*
   mal ab hmhm *(beide Arme nach unten ausschütteln)*
   und auch mal klapp, klapp, klapp. *(Klatschen.)*

2. Man hängt mich oben an die Wand
   (mit einer Hand so tun, als ob man etwas an einem Nagel aufhängen möchte)
   und zieht an einem langen Band.
   (Mit einer Hand an einer imaginären Schnur nach unten ziehen.)
   Mal links hmhm …

   Refrain: …

Besonderheiten:
Der Hampelmann bringt die Begriffe »oben/unten« und »rechts/links« den Kindern näher, wobei Kinder erst mit ca. fünf Jahren anfangen, mit den Begriffen »rechts« und »links« sinngemäß umzugehen.

Hurra, hurra, die Kinder kommen

1. Hurra, hurra, die Kinder kommen, die Kinder kommen,
   die Kinder kommen.
   Hurra, hurra die Kinder kommen, die Kinder sind schon da.
   (Klatschen.)
   Sind die Kinder da? Jaaaaa!
   (Kinder hochwerfen.)

2. Hurra, hurra, die Mamis kommen, die Mamis kommen,
   die Mamis kommen.
   Hurra, hurra, die Mamis kommen, die Mamis sind schon da.
   (Klatschen.)
   Sind die Mamis da? Jaaaaa!
   (Mamis hüpfen.)

3. Hurra, hurra, die Riesen kommen, die Riesen kommen,
   die Riesen kommen.
   Hurra, hurra, die Riesen kommen, die
   Riesen sind schon da.
   (Große Schritte machen und im Kreis gehen.)

4. Hurra, hurra, die Zwerge kommen, die Zwerge kommen,
   die Zwerge kommen.
   Hurra, hurra, die Zwerge kommen, die
   Zwerge sind schon da.
   *(Die Kinder machen kleine Schritte, Mamis gehen in die
   Hocke, beide Hände werden als Zipfelmütze über den Kopf
   gehalten.)*

5. Hurra, hurra, die Enten kommen, die Enten kommen,
die Enten kommen.
Hurra, hurra, die Enten kommen, die Enten sind schon da.
(Beide Hände werden auf den Po gelegt, sodass sich die Fingerspitzen beider Hände berühren.)

Bemerkungen:
Es können alle möglichen Tiere, Fahr- und Flugzeuge eingesetzt werden, z.b.: die Schnecke (langsam), die Feuerwehr (schnell), der Elefant (laut), die Katze (leise) usw.
Das Lied eignet sich besonders als Anfangslied für die Kreisspiele.

Besonderheiten:
In diesem Lied werden »kurz/lang«, »langsam/schnell«, »laut/leise« sowie Bewegungen und Geräusche von Tieren und Fahrzeugen angesprochen.

Ich hol' mir eine Leiter

Überliefert

1. Ich hol' mir eine Leiter
   (Armbewegungen: Leiter von nebenan holen)
   und stell' sie an den Apfelbaum.
   (An den Baum stellen.)
   Ich steige dann die Sprossen bis oben hin hinauf.
   (Beine abwechselnd heben.)
   Ich pflücke, ich pflücke, bald über mir, bald unter mir,
   bald vor mir, bald hinter mir
   (Pflückbewegungen nach allen Seiten hin nachahmen),
   das ganze Körbchen voll.
   (Mit den Armen einen kleinen Berg beschreiben.)

2. Ich steige immer höher
   (Beine abwechselnd heben)
   und halt' mich an den Zweigen fest
   (nach Zweigen greifen)
   und setze mich dort oben auf einen dicken Ast.
   (Etwas in die Hocke gehen.)
   Ich wippe, ich wippe, diewipp, diewapp, diewipp, diewapp und
   falle nicht hinab.
   (Arme nach vorne und nach hinten schlenkern.)

Sprechen:
Auf einmal knipps,
   (Arme auf die eine Körperseite drehen und in die Hände klatschen)
knapps,
   (Arme auf die andere Körperseite drehen und in die Hände klatschen)
bum!
   (Auf den Boden fallen lassen.)

Besonderheiten:
Bei diesem Lied werden die Begriffe »oben«, »unten«, »vor« und »hinter« verdeutlicht.

Was müssen das für Bäume sein

Überliefert

Was müssen das für Bäume sein,
> *(Hände machen über dem Kopf einen Halbkreis)*

wo die großen Elefanten spazierengehn, ohne sich zu stoßen.
> *(Eine Hand an die Nase, die andere als Rüssel dazwischenschieben.)*

Rechts sind Bäume,
> *(Rüssel lösen, beide Hände nach rechts führen)*

links sind Bäume
> *(beide Hände nach links führen)*

und dazwischen Zwischenräume,
> *(Arme vor dem Körper ausstrecken, so dass die Handrücken aneinander liegen, Arme auseinander führen)*

wo die großen Elefanten spazierengehn, ohne sich zu stoßen.
> *(Eine Hand an die Nase, die andere als Rüssel dazwischen durchschieben.)*

Besonderheiten:
Die Bezeichnungen »rechts« und »links« können erst Kinder ab fünf Jahren einigermaßen sinngemäß einsetzen.

Schrippel-Schrappel-Huckebein

Text: Lore Kleikamp
Musik: Detlev Jöcker

1. Da steht der Zauberer Schrappelschrut
   (jeder zeigt auf sich selbst)
   mit seinem großen Zauberhut.
   (Mit beiden Händen auf dem Kopf einen Hut bilden.)
   Er überlegt, schaut ihn nur an,
   (sich am Kopf kratzen)
   was er wohl wieder zaubern kann.
   (Mit den Achseln zucken.)
   Schrippel-schrappel-huckebein,
   (mit jeder Hand Kreise beschreiben)
   du sollst eine Katze sein.
   (Mit beiden Händen auf die Kinder zeigen und dabei die Unterarme mehrmals an den Körper ziehen und wieder wegbewegen.)

Miau, miau, miau ...
(Der Kreis löst sich vorübergehend auf, alle Kinder machen die Laute und die Bewegungen einer Katze nach.)

2. ... eine Ente ...
3. ... jetzt ein Löwe ...
4. ... jetzt ein Auto ...
5. ... jetzt ein Flugzeug ...
6. ... jetzt ein Tänzer ...
usw.

(Aus: Buch, CD und MC »1, 2, 3 im Sauseschritt«
© Menschenkinder Verlag, 48157 Münster.)

Bemerkungen:
Die Kinder bestimmen lassen, was anschließend gezaubert wird, z.B.: Auto, Flugzeug, Tiger, Hund, Ente, Motorrad, Löwe, Vogel. Nach dem Lied führen alle Kinder die dem Gezauberten entsprechenden Bewegungen und Laute aus.
Bei den Kleinsten kann dieses Lied aber auch Ängste hervorrufen. Es kann vorkommen, dass sie das Zaubern wörtlich nehmen und glauben, dass sie tatsächlich in eine Katze verwandelt worden sind. Deshalb empfiehlt es sich, den Kindern klar zu machen, dass sie nur so tun als ob gezaubert wird, bevor sie mit dem Lied beginnen.

Besonderheiten:
Die Kinder verwenden die verschiedensten Tierlaute, erfassen eine typische Eigenschaft eines Tieres bzw. eines Fahrzeuges (Geräusch, Bewegung) und setzen diese um.

Besondere Lieder

Abschlusslieder

Das gemeinsame Singen sollte zur Orientierung der Kinder immer mit demselben Lied beendet werden.

Laternenlieder

Bereits mit dem Laternenbasteln beginnen die Vorbereitungen für St. Martin. Es bietet sich an, bereits frühzeitig mit dem Üben der Laternenlieder anzufangen. St. Martinstag ist immer am 11. November, und alle Kindergärten organisieren an diesem Tag einen Laternenumzug. Nach Rückfrage mit der Kindergartenleiterin besteht bestimmt die Möglichkeit, dass die Kinder der Spielgruppe an dem Umzug teilnehmen.

Geburtstagslieder

Geburtstag ist gerade für kleinere Kinder ein besonderer Tag. Ein Geburtstagslied unterstreicht dies in besonderer Weise.

Die Spielgruppe, die ist nun aus

Text und Musik: Bearbeitet von Detlev Jöcker

1. Die Spielgruppe, die ist nun aus
   (an den Händen fassen),
   drum gehen wir jetzt gleich nach Haus.
   Fideralala, fideralala, fideralalalala.
   (Klatschen.)

2. Wir winken gern, wenn wir nun gehn,
   und freun uns auf ein Wiedersehn.
   (Winken.)
   Fideralala, fideralala, fideralalalala.
   (Klatschen.)

3. Wir lachen gern …

(Aus: MC, Buch und CD »Das Krabbelmäuse Liederbuch«
© Menschenkinder Verlag, 48157 Münster)

Besonderheiten:
Der Text wird auf die Melodie »Ein Vogel wollte Hochzeit machen« (Vogelhochzeit) gesungen.

Alle Leut', alle Leut' gehn jetzt nach Haus

Überliefert

1. Alle Leut', alle Leut' gehn jetzt nach Haus.
   Wollen nach Hause gehn', nächstes Mal wiedersehn.
   (Klatschen)
   Alle Leut', alle Leut' gehn jetzt nach Haus.

   Refrain:
   Große Leut',
   (Arme nach oben strecken),
   kleine Leut',
   (Arme zum Boden hin strecken),
   dicke Leut',
   *(mit beiden Armen vor dem Bauch einen Kreis bilden,
   wobei sich die Fingerspitzen treffen),*
   dünne Leut'.
   (Handflächen auf den Bauch legen),
   Alle Leut', alle Leut' gehn jetzt nach Haus.
   (Klatschen.)

2. Alle Leut', alle Leut' gehn jetzt nach Haus.
   (Klatschen.)
   Gehn in ihr Kämmerlein
   (mit den Händen ein Hausdach bilden),
   lassen fünf grade sein.
   (5 Finger einer Hand zeigen.)
   Alle Leut', alle Leut' gehn jetzt nach Haus.
   (Klatschen.)

   Refrain: …

3. Alle Leut', alle Leut' gehn jetzt nach Haus.
   (Klatschen.)
   Sagen auf Wiedersehn, heut war es wieder schön.
   (Winken.)
   Alle Leut', alle Leut' gehn jetzt nach Haus.
   (Winken.)

   Refrain: …

Laterne, Laterne, Sonne, Mond und Sterne

Volksweise

1. Laterne, Laterne, Sonne, Mond und Sterne,
   brenne auf, mein Licht, brenne auf, mein Licht,
   aber nur meine liebe Laterne nicht!

2. Laterne, Laterne, Sonne, Mond und Sterne,
   sperr ihn ein, den Wind, sperr ihn ein, den Wind,
   er soll warten, bis wir zu Hause sind!

3. Laterne, Laterne, Sonne, Mond und Sterne,
   bleibe hell, mein Licht, bleibe hell, mein Licht,
   denn sonst strahlt meine liebe Laterne nicht.

Ich geh mit meiner Laterne

Volksweise

1. Ich geh mit meiner Laterne und meine Laterne mit mir.
   Da oben leuchten die Sterne, hier unten da leuchten wir.
   Ein Lichtermeer zu Martins Ehr.
   Rabimmel, rabammel, rabum!
   Ein Lichtermeer zu Martins Ehr.
   Rabimmel, rabammel, rabum!

2. Ich geh mit …
   Der Martinsmann, der zieht voran. Rabimmel …
   Der Martinsmann, der zieht voran. Rabimmel …

3. Ich geh mit …
   Mein Licht ist schön, könnt ihr es sehn? Rabimmel …
   Mein Licht ist schön, könnt ihr es sehn? Rabimmel …

4. Ich geh mit …
   Ich trag mein Licht, ich fürcht mich nicht. Rabimmel …
   Ich trag mein Licht, ich fürcht mich nicht. Rabimmel …

5. Ich geh mit …
   Wie schön das klingt, wenn jeder singt. Rabimmel …
   Wie schön das klingt, wenn jeder singt. Rabimmel …

6. Ich geh mit …
   Mein Licht ist aus, ich geh nach Haus. Rabimmel …
   Mein Licht ist aus, ich geh nach Haus. Rabimmel …

Der Benny hat Geburtstag

Überliefert

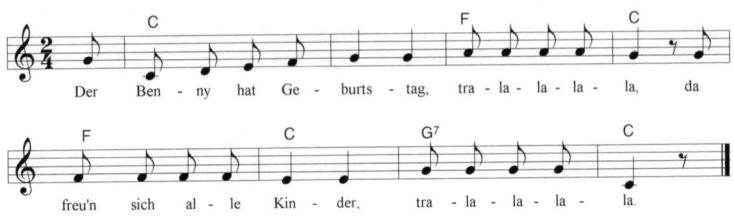

1. Der Benny hat Geburtstag, tralalalala,
   da freu'n sich alle Kinder, tralalalala.

2. Der Benny hat Geburtstag, tralalalala,
   da singen alle Kinder, tralalalala.

3. Der Benny hat Geburtstag, tralalalala,
   da klatschen alle Kinder, tralalalala.

4. Der Benny hat Geburtstag, tralalalala,
   da stampfen alle Kinder, tralalalala.

5. Der Benny hat Geburtstag, tralalalala,
   da tanzen alle Kinder, tralalalala.

Bemerkungen:
Die Strophen können beliebig erweitert werden.

Glückwunsch
Kanon zu 4 Stimmen

Text und Musik: Werner Gneist (1949)
© Bärenreiter-Verlag/Kussel

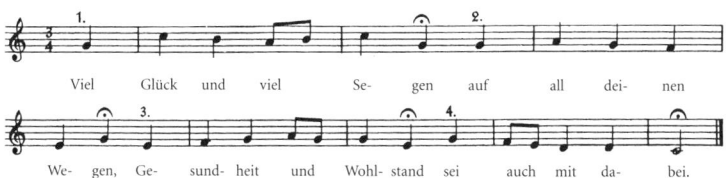

Viel Glück und viel Segen auf all deinen Wegen,
Gesundheit und Wohlstand sei auch mit dabei.

Literaturverzeichnis

Ayres, A. J.: Bausteine der kindlichen Entwicklung. Berlin/Heidelberg 1992
Brandt, P./Thiesen, P.: Umwelt spielend entdecken. Weinheim ²1992
Evers, M. (Hrsg. P. Thiesen): Das Spielgruppenbuch. Weinheim 1994
Kellermann, D.: Spiele für Kleinkinder. Niedernhausen 1990
Kiphard, E.J.: Wie weit ist mein Kind entwickelt? Dortmund 1991
Krempien, Ch. (Hrsg. P. Thiesen): 50 Bildnerische Techniken. Weinheim ²1993
Matthiae, A.: Vom pfiffigen Peter und der faden Anna – zum kleinen Unterschied im Bilderbuch. Frankfurt a.M. ⁴1989
Meyer, R. W.: Linkshändig? Ein Ratgeber. München 1991
Nikitin, B. u. L.: Ein Modell frühkindlicher Erziehung. Köln 1984
Pauli, A.: Was ist los mit meinem Kind? Ravensburg 1994
Pousset, R.: Fingerspiele und andere Kinkerlitzchen. Reinbek 1994
Prekop, I.: Der kleine Tyrann. München 1988
Prekop, I./Schweizer, Ch.: Kinder sind Gäste, die nach dem Weg fragen. München 1990
Sinnhuber, H.: Optische Wahrnehmung und Handgeschick. Dortmund 1990
Sinnhuber, H.: Spielmaterial zur Entwicklungsförderung. Dortmund 1991
spiel gut Arbeitsausschuss Kinderspiel + Spielzeug e.V.: gutes spielzeug von a bis z, ratgeber für auswahl und gebrauch. Ulm 1985
Thiesen, P.: Arbeitsbuch Spiel. München/Köln ⁷1993
Thiesen, P.: Klassische Kinderspiele. Weinheim 1994
Thiesen, P.: Mit allen Sinnen spielen. Weinheim 1996